U0787115

植物学野外实习指导

主　编　胡　刚　张忠华
副主编　胡　聪　徐超昊　钟朝芳　刘晟源

科　学　出　版　社
北　京

内 容 简 介

本书不仅包含植物学野外实习时需具备的基本知识，还提供了实习准备与实施的全面指导。同时，介绍了广西弄岗国家级自然保护区的基本概况，并对该保护区已知的石松类和蕨类植物、裸子植物和被子植物编目，是一本比较全面和实用的教学用书。

本书可作为高等院校在喀斯特地区进行植物学野外实习的教材，也可供相关研究人员参考，同时适合作为青少年植物学科普用书。

图书在版编目（CIP）数据

植物学野外实习指导 / 胡刚，张忠华主编. --北京 ：科学出版社，2024.7. -- ISBN 978-7-03-078873-3

Ⅰ. Q94-45

中国国家版本馆 CIP 数据核字第 2024U15H09 号

责任编辑：郭勇斌　彭婧煜　张　熹 / 责任校对：严　娜

责任印制：徐晓晨 / 封面设计：义和文创

科学出版社出版

北京东黄城根北街 16 号

邮政编码：100717

http://www.sciencep.com

北京九州迅驰传媒文化有限公司印刷

科学出版社发行　各地新华书店经销

*

2024 年 7 月第　一　版　开本：720 × 1000　1/16

2025 年 1 月第二次印刷　印张：10 3/4　插页：1

字数：227 000

定价：58.00 元

（如有印装质量问题，我社负责调换）

前　　言

植物学是高等学校生物科学专业的基础课程，具有很强的实践性。野外实习作为植物学教学的核心环节，不仅是对课堂理论知识的验证和巩固，更是对学生综合素质的全面锻炼。通过野外实习，学生能更深入地了解自然，观察并认识形态各异的植物，从而激发学习兴趣，培养观察、创新和动手能力。

尽管野外实习教学常以验证书本知识为主，将理论与实际相结合，但其意义远不止于此。它更强调知识的应用，鼓励学生发挥主动性，挖掘创造力，并培养科研能力、团队协作意识。因此，对于植物学的野外实习，我们必须给予足够的重视和精心的准备，确保学生明确实习目的、充分准备。本书旨在介绍植物学野外实习的基本方法和技能，以训练学生的野外实践能力，提升他们解决实际问题的能力。同时，我们也致力于探索符合教学规律、有利于学生能力培养的野外实习教学方法。

鉴于植物种类的地域性差异，不同地区的学生在进行植物学野外实习时，应选择适合本地的教材作为指导。目前，还未见有适用于喀斯特地区植物学野外实习的教材。本教材针对西南喀斯特地区植物学野外实习而撰写，内容深入浅出、通俗易懂。全书包含植物学野外实习的组织实施，植物分类学基础知识，植物标本的采集、制作与保存，植物种群和群落学调查方法。为了加深学生对广西弄岗国家级自然保护区喀斯特生态系统的了解，还对弄岗喀斯特山地的自然概况、植被分布和动植物资源进行了描述，最后列出了弄岗已知的维管植物名录，包括石松类和蕨类植物 23 科 164 种，裸子植物 4 科 11 种，被子植物（包括单子叶植物和双子叶植物）149 科 1655 种。

本书的编写出版得到了南宁师范大学教材建设基金以及广西学位与研究生教育改革课题（JGY2022222 和 JGY2023239）的资金资助，此外，在国家自然科学基金（31960275、31760128）、广西自然科学基金（2021GXNSFFA196005、2021GXNSFAA196024）等项目资助之下，我们得以持续在我国西南喀斯特地区从事植物学和生态学方面研究工作，这也为本书的出版提供了宝贵的前提基础。同时感谢科学出版社对本书出版给予的大力支持。

由于编者水平有限，文中不足及疏漏在所难免，不妥之处恳请广大读者和同仁批评指正。

编　者

2023 年 11 月

目　　录

第一章　植物学野外实习的组织实施

第一节　野外实习大纲

一、实习主要内容

（1）不同生境下植物主要类群的识别。
（2）植物标本的采集、制作与保存方法。
（3）植物种群和群落学调查方法。
（4）专题研究。

二、教学方式

实习采取分组方式进行，学生在指导教师的带领下，进行野外观察、采集和制作植物标本。此外，学生还进行植物野外调查，掌握基本的植物学野外调查方法和分析技术，并组织专题研究。专题研究以小组为单位，在教师的指导下，进行资料查询、实地调查研究和数据分析，最终由学生撰写实习报告。

三、教学步骤

（1）指导教师讲述实习计划、实习大纲。
（2）指导教师讲解实习基地概况、实习分组情况、实习路线安排和注意事项。
（3）指导教师讲解实习的具体内容。
（4）实习分组，到野外现场进行观察。
（5）根据要求有选择地采集和制作植物标本。
（6）开展植物种群和群落样方调查。
（7）以小组形式，每组选择一个专题进行较为深入的调查研究。
（8）总结交流，撰写实习报告或专题小论文。

四、实习成绩的评定

实习成绩评定包括小组评定和个人评定。小组评定是由野外实习指导教师组成评定小组，根据学生对实习的态度、实习中的表现等情况进行公正合理的考评。个人评定是由学生通过现场识别植物、个人实习总结来进行全面的、实事求是的评定。评定力求做到客观、公正和公开。

第二节　野外实习的目的

（1）巩固、扩大和加强课堂上所学到的植物学基本概念和理论知识，通过实地考察，学生将课堂所学理论知识联系于实际，增强感性认识，真正了解各种植物的特征，学会分辨和识别，熟悉植物调查的一般程序和步骤。

（2）通过野外实习掌握植物界各大类群以及种子植物的常见科、属的主要特点，认识和区分常见种子植物的科、属、种，了解相应地区的植物多样性。

（3）培养学生观察问题、分析问题和解决问题的能力。在植物学野外实习中，学生通过观察、采集和制作植物标本，制作腊叶标本、应用工具书和检索表鉴定植物以及专题调查等野外实习工作，在实践中潜移默化地锻炼分析和解决问题的能力。

（4）培养野外实际工作能力，掌握基本的植物野外调查方法，培养吃苦耐劳、勇于实践的独立工作能力。

（5）了解植被和群落的类型，认识植物的生长发育、变异、分布与环境的关系，加强对植物与环境之间关系的认识，提高植物学、生态学等方面的知识水平。

（6）培养学生热爱自然、热爱科学、热爱专业和团队协作的精神，树立人类与自然和谐共处的理念，扩大学生视野，提高学生的综合素质。

（7）采集植物标本，充实植物标本室，为植物学教学、科研提供第一手资料。

第三节　野外实习的内容

一、植物标本的采集与制作

掌握调查、野外记录、植物标本采集和制作的一般过程和制作植物腊叶标本的方法，每组采集制作标本 200 号以上，整理出本小组标本名录及每份标本的采集记录。采集并制作一套能供教学和科研使用的高质量标本。

二、植物的观察识别、分类与鉴定

能够认识 100～300 种植物，掌握所涉及植物重点科、属的识别特征；学会运用所学分类学知识使用植物志、检索表等书籍资料鉴定不认识的植物，并编写出实习地常见植物检索表和植物名录。熟悉植物的习性、生境，并对其应用价值有一定程度的掌握。

三、认识实习地的植被类型和特点

能够掌握实习地地形、地貌、土壤、气候和主要生境类型特点，了解植物与环境的相互关系，认识实习地基本植被类型特征及分布规律。

四、掌握植物生态学野外调查方法

能够掌握植物种群、群落野外调查的基本方法，实地学习或开展植物样方调查，观察描述样地环境特征，学会统计和记录样地植物种类，能够初步整理样地调查数据和进行种类组成的数量分析。

五、进行专题调查研究

在野外实习过程中树立研究型野外实习教学的指导思想，将专题调查研究等作为实习的重要教学内容，达到培养学生综合能力的目的。专题调查研究的内容可由教师结合实习的具体情况提出题目，也可以由学生在实习中自主选题，熟悉专题调查的一般方法，学会运用所学知识，撰写专题小论文。

第四节　野外实习前的准备工作

野外实习是植物学教学的一个重要组成部分，是课堂教学和实验室教学的延伸，是不可缺少也不能互相代替的教学活动。野外实习是以大自然作为立体教学课堂，内容丰富、情况复杂、时间集中、工作量大、食宿不便，这样就会带来一些新情况和出现许多新问题。为了使工作顺利进行，必须有周详的计划并严密地组织。因此，在实习之前，要做好准备工作，具体可概括为以下几个方面。

一、组织领导和分工

野外实习既然是以大自然为课堂的教学过程，就得按正常的教学秩序进行工作。为此，必须进行严密的组织；参加指导实习的教师要有明确的分工，各尽其责，有序地进行活动。参加野外实习的人员要有负责业务指导的，有负责思想指导的，有负责事务管理的。可成立一个野外实习领导小组，设组长和副组长，负责整个实习工作的安排。组长（或副组长）最好由原任课主讲教师或教学经验较丰富的人担任。负责思想指导的老师，可兼任副组长协助组长进行工作，并负责学生的思想工作和开展必要的文体活动。野外实习生活比较艰苦，学习集中且紧张，负责事务的人员需要有关心学生的思想和对工作高度负责的精神，保证实习师生的日常生活。业务指导老师应集中精力指导学生进行业务活动，根据实际情况，每 20～25 名学生安排一名业务教师负责指导。

二、野外实习地点的选择和考察

野外实习地点的选择是实习的基本要求，选择理想的实习地点，是保证野外实习教学质量、完成实习任务的重要条件。野外实习地点的选取不仅需要考虑植物资源的丰富度、植被的类型和生境特征等因素，而且必须满足经费、交通、食宿和安全等基本条件。本着节约开支的原则，不可舍近求远，最好选择与学校建立教学基地共建关系的。实习应以实事求是的精神，扎实地进行工作。

实习地点确定之后，指导老师必须组织一次考察工作。进行考察的老师要对实习工作做全盘安排。除安排交通、食宿等问题外，更重要的是对实习地的地形地貌、植物种类、分布情况进行实地考察，并确定实习路线和实习地点，以便制定实习日程，有计划地进行实习工作。通过实地考察，教师进行现场备课，做到心中有数，以保证实习质量，这对指导教师来说也是一次很好的业务学习机会，不可忽视。

三、实习时间的选择

实习的时间一般选择在每年的 7 或 8 月，此时较多植物正处于花期或果期，适宜于植物的野外观察、标本的采集以及群落学方面的研究。

四、野外实习常用工具、仪器设备及物品

野外工作中所需要的相关工具和仪器设备的类型和数量，应事先周密地准备和仔细检查。可根据实习的目的，实习地的情况、实习人数的多少和时间长短来确定。

1. 常用工具和仪器设备

采集箱或自封袋（装新鲜标本）、标本夹和吸水纸、枝剪和高枝剪、小铁铲、手锯、镊子、解剖针、钢卷尺、采集记录本、铅笔、标签、样方绳、放大镜、照相机、望远镜、地质罗盘或指南针、高度计（海拔仪）、测高仪、GPS 定位仪、对讲机等。

2. 学习用品

《中国植物志》《中国高等植物图鉴》《广西植物志》《广西植物名录》《植物学野外实习指导》等。

3. 生活用品

登山服、登山鞋、餐具、雨具、遮阳帽、水壶、防晒霜、布袜（防蛇及蚂蟥）、手套、手电筒以及换洗衣服等其他生活必需品。

4. 药品

风油精、创可贴、蛇药、抗感冒药、祛暑药、止泻药、消炎药和抗过敏药物等，有特殊病史的同学自备专用药。

第五节　野外实习的注意事项

为保证植物学野外实习工作的顺利进行，取得实习的最佳效果，除充分做好实习前的准备工作外，实习中还应注意以下几个方面的问题。

一、做好思想工作

思想工作是圆满完成实习任务的重要保证。一般来讲，在准备阶段，主要是让学生明确实习的目的和要求，只有实习目的明确的人，才能有自觉的行动和克服困难的毅力；在进行现场实习和专题研究阶段，教师应了解实习过程中学生的思想变化，解决实习中出现的问题和困难；在实习结束阶段，主要须让学生明确实习总结的目的和要求，号召大家认真做好实习总结。以上三个阶段要注意互相联系，密切配合。

二、精心组织实习进程，合理安排实习内容

组织实习工作最为重要的是实习的安排。包括实习的内容和实习进程的安排。

在实习内容安排上，要遵循由浅入深，循序渐进的原则。野外实习指导老师一定要注意从基础知识出发，指导学生先观察植物的营养器官——根、茎、叶，再观察植物的繁殖器官，如花的外形、花的结构，查阅检索表，识别物种，然后在上述基础上再进行植物生态学内容的实习，深入了解植物与环境的关系。唯有如此，参加实习的学生才有可能获得完整的植物学知识。实习前面的阶段重点应放在复习、巩固、扩大课堂知识，后面的阶段应在前一阶段的基础上做一些专题性的研究工作，这对提高实习质量和培养学生的独立工作能力是非常重要的。

在实习日程安排上，要有一个大致的框架，到达实习基地后，则要根据具体情况做适当的调整和补充。日程安排除了考虑要跟实习内容一致外，还要考虑天气变化，如晴天、雨天的因素。一般晴天应多安排野外活动，观察识别植物，采集标本，雨天则安排在室内查检索表、整理标本、制作标本，整理生态学调查的资料。

三、发挥教师的主导作用

教师是实习工作的关键，在实习过程中，教师主导作用的发挥，对保证野外实习的质量极为重要。教师要特别注意培养学生多看、多想、多问、多记、多动手的习惯。要充分利用大自然丰富的植物资源进行现场直观教学，强化课堂和实验的教学内容，使学生更深入地了解植物种类和植物生长、分布规律；同时，使学生认识到各类资源植物的重要性与合理开发利用的方法。使学生不仅开阔眼界，更重要的是受到初步的研究植物分类学的入门训练，提高独立工作的能力。

四、做好复习巩固工作

野外采集和现场讲解，以及学生重点记录等仅是实习中的一个方面，室内的复习巩固是实习中的另外一个重要方面。根据实习路线和地点的不同，可半天室外、半天室内，或者一天室外第二天不外出，在室内整理标本、分析比较，完成教师布置的作业或利用参考书独立解决问题。当然，条件允许时，可利用晚上安排室内工作。室内标本整理工作，基本是花的解剖观察、描述、鉴定以及分析综合，查、做检索表等，这些工作对于学生来讲，都是不可缺少的，只有如此，才能使学的知识扎实牢固。

五、抓好安全教育，落实安全措施

采集植物标本是野外实习的主要内容，野外采集工作所处的环境条件多种多样，情况较为复杂，特别在广西喀斯特地区的森林开展实习，林中会存在潜在的危险，如毒蛇、毒虫等，因此，在野外实习标本采集过程中，为了确保实习师生的人身安全，必须抓好安全教育和做好安全防护工作，杜绝各类安全事故的发生。为使安全事故降到最低程度，除以预防为主，进行野外实习的安全教育外，还必须对可能发生的事故有所预警，让学生掌握一定的野外生存知识，事故一旦发生能及时采取有效的应急措施。下面简要介绍野外采集工作中需要注意的几点安全措施。

1. 如何判别方向

野外判别方向的方法与经验很多，如果不慎迷失了方向，不妨试试下列方法来判断方向。

（1）指南针：出野外最好准备一枚刻度清晰的小型指南针，在具体使用时须确保水平。

（2）手表判断法：地球 24 小时自转 360°，故 1 小时为 15°，而手表转一周 360°为 12 小时，即较地球快 1 倍，这样可用手表与太阳粗略测定方位。早晨 6 时太阳在东方，影子指向西方，将表盘时针 6 指向太阳，表盘上 12 便指向西方；如将表盘顺转 90°，即将 6 除以 2 为 3，则 3 指向太阳，此时 12 便指北方；同样在中午 12 时，太阳位于南方，将 12 除以 2 为 6，则 6 指向太阳，则 12 便指北方。依此法测定方向的缺点是需要考虑地方时差，以免出现方位的偏差，但不妨作为大概方位的简易判断。

（3）植物判别法：俗话说：“万物生长靠太阳”，掌握这一特征后，即使在无太阳的阴天也可通过观察判断方向。如：大石块、树主干南面的草生长得较旺盛，秋天南面的草也枯萎得较快；树皮一般为南面的较光滑，北面的较粗糙，有的树在其北面树皮上有许多裂纹及疙瘩，这种现象在白桦树上表现特别明显；松柏类及杉树在树干上流出的胶脂，南面的较北面多且易结成较大的块；秋季里许多果树朝南的果实结得较多，尤其以苹果、红枣、柿子、柑橘等为明显，果实在成熟时也是朝南的先变色；长在石头上的青苔喜阴湿，以北面多旺。

此外还有利用北极星判断方向、各个季节的自然风向、沙漠沙丘地表形态等判别方向。方向的判别要具体情况具体分析，综合判断。一旦迷失方向，首先要镇定，对自己要有坚定的信心，其次利用上述知识判断方向，做出决定。万一走不出来可设法制作求救信号：在保证用火安全的情况下在高处燃放火堆，白天燃烟为佳，每分钟 6 次。这是国际上通用的求救信号。

2. 如何防治毒蛇咬伤

野外实习一定要提醒每一名师生穿好登山鞋并最好打上绑腿。绑腿一般是用帆布做的，毒蛇的牙根本咬不透。同时手里还应该拿一根竹竿或木棍，用于

“打草惊蛇”。在采集植物标本时，先用竹竿敲打一下植物周围的草丛，以免鲁莽用手采摘时，被毒蛇咬伤。万一被毒蛇咬伤，一定不要着急，只要采取及时正确的救助方法，完全可以康复。毒蛇咬伤是由具有毒牙的毒蛇咬破人体皮肤，继而毒液侵入引起局部和全身中毒的一类急症。据统计，我国的毒蛇有48种，其中危害较大的有以下种类，眼镜蛇科的眼镜蛇、眼镜王蛇、金环蛇、银环蛇；蝰科的尖吻蝮（五步蛇）、烙铁头（龟壳花蛇）、竹叶青、蝮蛇；以及海蛇科的十多种蛇类。这些毒蛇多数分布于广东、广西、台湾、福建、湖南、湖北、云南、江西、浙江、江苏、贵州、四川等省（自治区）。长江以北毒蛇种类较少，以蝮蛇常见；海蛇分布于我国东南沿海。毒蛇咬伤多见于夏秋季节。毒蛇咬伤后，经及时急救治疗，可以避免或减轻中毒症状；如延误治疗，则会引起不同程度的中毒，严重者将危及生命。一旦被毒蛇咬伤后，伤外可见一对较深而粗的毒牙痕，并伴随有局部和全身中毒表现。其局部症状为：伤处疼痛或麻木，红肿、瘀血、水泡或血泡，伤口周围或患肢有淋巴管炎和淋巴结肿大、触痛。其全身表现为：头晕、胸闷、乏力、流涎、视力模糊、眼睑下垂、出血倾向、黄疸、贫血、语言不清、吞咽困难等。严重者肢体瘫痪、休克、昏迷、惊厥、呼吸麻痹和心力衰竭。毒蛇咬伤后，应立即停止伤肢活动，以免加速毒液吸收和扩散。迅速结扎伤口近心端，每15分钟放松1分钟，直到服用有效蛇药或注射抗毒素3小时后方可解除。立刻用冷茶水、清水冲洗伤口，吸吮伤口，由周围向伤口反复挤压，促使毒液渗出。紧急情况下，也可用自身小便冲洗伤口。点燃火柴，烧灼伤口，可破坏蛇毒，也是一种有效的急救方法。局部紧急处理是防止蛇毒中毒的重要环节。在经过紧急自救后，将伤者迅速送往医院救治，最好能确定毒蛇种类，告诉医生。对于怀疑被毒蛇咬伤但尚未出现局部或全身症状者，有必要求医进一步处理，并需观察24小时，待确认没有危险后，方可出院。

3. 几种外伤的紧急救护

如果在野外实习时，有人不慎头部受伤，现场自救是十分重要的。首先应判断出外伤的程度，以便采取相应的措施。若伤员受伤后始终清醒，能清楚讲述受伤前后一段时间内的经过，或即使有昏迷也不超过半小时，无呕吐史，或仅有1～2次呕吐，无头痛或仅有轻微头痛者，均属轻度外伤，仅需休息、镇静即可恢复。否则，均属中、重度脑外伤，若昏迷清醒后再度发生昏迷者，亦属重度脑外伤，应及时就近送医院急救。若发现伤口内有异物插入，切勿拔除，因为颅内有许多血管神经，轻易拔除异物容易弄断神经、碰破血管，或发生异物残留。有时异物插入血管可起暂时性“堵塞破口”的作用，一旦拔除会造成大出血。耳、鼻等处有流血者不能用物去堵塞，应任其外流。对昏迷的伤员绝对禁止对其大声叫喊或摇醒，应尽量减少伤员的活动，切忌坐起、行走。运送过程中头部要专人固定保护、避免头随车身晃动。如果手遭受外伤，也要进行紧急救护，通常手外伤可分为钝器伤和锐器伤两大类。钝器伤常见有被重物压伤或被硬物打伤，皮肤大多不会破，出现皮下青紫或血肿，此时要用冷毛巾或冷水袋外敷半小时左右，能防止血肿增大，减轻疼痛。若手指甲下出现血肿，可用烧红的回形针垂直在指甲血肿上穿刺小洞，积血从洞中流出，再贴上护伤胶布可止痛及保护指甲不脱落。锐器伤常见有刺伤和刀伤，当手被刺时，首先应该看是否有刺入物，若有刺入物时就要设法挑出，方法是双手捏紧伤处，用火烧过或酒精消毒过的针拨开皮肤，挑出刺入物。当刀伤时，如出血过多，先用力压迫手腕两侧的桡动脉和尺动脉减少出血，然后进行包扎，包扎时要稍用力以达到止血目的。为了预防感染，伤口处最好涂以碘伏，包扎的纱布应该是消毒的，必要时可使用餐前擦手用的消毒湿巾应急处理。一般情况下，手部小伤四五天会愈合，若肿胀不退或化脓应到医院去诊治。那么当脚踝扭伤后如何急救呢？由于踝关节的特点，当人们在高低不平的地面上行走、跳跃或跑步时，很容易引起踝关节突然内翻。当超过踝关节活动的正常范围时，就会发生韧带扭伤、撕脱和断裂，严重者可致踝部骨折，所以踝关节扭伤是生活、工作和运动中很常见的一种外伤。当发生踝关节扭伤时，应当立即停止行走或运动，用软物如枕头、被褥等把伤脚垫高，再用冷水进行冷敷以减轻肿痛，局部可以外敷消肿药膏，但不要用跌打药酒等按摩，不要立即入浴洗澡。此外应减少活动，一般在10天左右基本上可以恢复。如果伤脚肿胀严重，并出现明显的皮下瘀斑或内翻畸形时，可能发生骨折，应及时到医院诊治。

4. 防治蜂类蜇咬

在野外实习时经常发生学生被蜂类蜇咬的事件。通常蜂有多种，如马蜂、蜜蜂、黄蜂、牛蜂、土蜂等。这些蜂的腹部末端都有蜇刺，蜇入时，刺内的毒液就会注入人体内，使人局部红肿、产生水泡，甚至中毒而死。如果遭遇蜂群，可以采取如下措施。

（1）躲避：遇到蜂群袭来，不要乱跑，蜂飞的速度比人跑得快，要立即抱头蹲下，用书包、衣服或者手臂将身体裸露部分遮挡住。特别要注意保护头颈和面部，这些是重点部位。

（2）清洗：一旦被蜂蜇了，要用温水、肥皂水或者盐水、糖水清洗伤口，没有水时，新鲜的尿也可以。如果伤口处有残留的蜇刺，应立即拔掉。

（3）涂药：万花油、红花油、绿药膏等都可以。将生姜、大蒜、马齿苋（一种野菜）等捣烂、嚼烂涂在伤口处也行。

（4）去医院：如果出现头疼、头昏、恶心、呕吐、烦躁、发烧等症状时，应立即到医院治疗。

5. 预防植物的毒害

这里所指的植物毒害，不是说误食某些有毒植物而引起的中毒，而是指某些植物本身含有毒的汁液，接触后引起的过敏反应。与荨麻科、大戟科、漆树科等类群的植物接触后常会引起过敏，如野漆，有些人只要接触就会引起过敏性皮肤红肿、疼痛。如果发生了过敏，可用小苏打溶液或肥皂水洗涤，也可以用韭菜叶、毛果算盘子等植物捣汁涂抹或煎水洗患处，均能起到止痒效果。如果过敏反应严重的，要及时到医院治疗。

第六节　野外实习总结与考核

实习总结是野外实习中的最后一项工作，旨在全面反映学习成果。可举行报告会，并举办展览会，展出学生的科学论文、植物标本以及展示丰富多彩的实习生活等。这种总结方式，不仅能全面反映实习所取得的成绩，更重要的是，对学生来讲，又是一次生动又系统的复习巩固。作为参加实习的学生，也应及时对野外实习进行总结，并以野外实习报告或专题小论文的形式将野外实习的见闻、收获、体会感想等表现出来。同时，在野外实习结束后，也需要对学生实习的情况进行综合考核，以评定实习成绩。

一、野外实习报告和专题小论文的撰写

野外实习报告是学生对野外实习全面综合的记录与总结，旨在锻炼学生掌握知识、运用知识的总结能力，并培养学生发挥拓展性思维进行独创性写作的能力。植物学野外实习报告的格式不作统一要求，但一般应包括以下几个方面的内容：

（1）对实习地基本情况的简单描述：包括实习地的地理、气候、土壤、资源分布等情况。

（2）记录野外实习具体的行程安排、实习路线等。

（3）重点记录野外实习过程中的所见所闻和收获，具体可围绕以下几个方面进行：①通过这次实习认识了多少种植物，它们分别属于哪些科，哪些属，有哪些是珍稀濒危植物，有哪些是当地特有植物，有哪些是珍贵的药用植物等；②实习中如何认识植物，即认识植物的方法和途径；③如何采集和制作标本，一份合格标本的条件是什么，采集与制作植物标本时应注意些什么；④怎样使用与编制检索表。

（4）野外实习的感想、体会和收获。

（5）对此次实习，认为还存在哪些不足，并提出改进的意见和建议。

通过实习，学生在感性和理性上的认识都得到了进一步的提高，对于一些需要进一步了解的问题，可通过专题实习的方式，对科学问题进行一番深入的观察和探索，并最终得出科学的结论。那么从问题的发现和提出，到对该问题的观察与探索，到最后得到正确的结论，把这个过程记录下来，就是一篇专题小论文。与野外实习报告相比，专题小论文对学生所要求具备的各方面素质更高，难度更大，也更具有挑战性和创新性，更能锻炼学生思考问题、发现问题和解决问题的能力。专题小论文写作一般经历以下几个过程：

（1）确定题目：小论文题目确定愈早愈好，如何确定题目呢？只有深入现场去寻找，发现自己感兴趣而又有能力和条件去解决的问题。发现问题是解决问题的开始，要从确定选题开始，培养自己观察、对比与思考的能力。

（2）收集和整理材料：题目确定后，就要广泛收集材料，包括实物标本、文字资料等，也可以对专题实习的调查结果进行整理分析。

（3）观察、实验思考：从各种事物的对比中找出结论或规律性的东西。

（4）写出小论文：小论文是自己对某一专题经过一番调查、观察、思考、分析以后的归纳性的总结，内容包括前言、材料与方法、结论、参考资料等。

二、实习考核和成绩评定

为检验野外实习的质量和效果，必须对参加实习的学生进行考核，评定出植物学野外实习成绩，其成绩单独作为一门必需的实践课程计算学分（不可以用其他学分替代）。实习成绩由野外实践成绩和实习报告（或小论文）成绩两部分组成。其中野外实践的考核方式以口试为主，成绩占 80%，实习报告或小论文的成绩占 20%。

野外实践考核方法：主考教师为考生随机抽取组内制作的标本，要求学生在规定时间内说出种名和所属的科名，并会对该植物进行检索，然后，结合学生检索的标本，主考教师提出 2～3 个问题，并根据学生回答问题的质量给出相应的成绩。

（1）口试问题涉及植物标本的检索过程、标本采集制作方法、植物形态特征的描述、植物群落调查方法、植物识别等方面的问题。

（2）野外实践考核除口试外，还包括实习表现，实习态度，植物标本采集的数量和质量，实习期间的组织纪律和出勤情况等。

实习报告内容要丰富、精练，但不拘泥于形式，可以包括：实习概况简介、实习的过程和内容、实习的收获、实习过程中发现的有趣问题、实习的感想、对今后实习的建议等。实习报告的字数一般要求为 2500～3000 字。

教师需对实习的各个环节做出定量标准，给予学生客观的成绩评定，实习不及格的学生需要补考，自选时间，参加以后组织的实习。

第二章　植物分类学基础知识

第一节　植物分类的方法与依据

一、植物分类的方法

植物分类最基本的原理是利用植物间的相似性进行分类。植物分类的方法主要有两类，一类是人为分类方法，另一类是自然分类方法。

1. 人为分类法

植物分类方法是人们依据实际需要，经过长期摸索、积累，逐步完善起来的。早期由于受条件限制，人们研究植物只能根据植物个别或部分特征、习性、用途等进行分类，而不考虑植物之间的亲缘和演化关系。例如我国明代李时珍（1518～1593）在《本草纲目》一书中，按植物性状和功能把 1195 种植物归纳为草、谷、菜、果及木 5 部分；在草部，又根据环境不同分出山草、芳草、湿草、青草、蔓草、水草等 11 类；木部下分为乔木、灌木等 6 类。又如瑞典植物学家林奈（1707～1778）在 1735 年发表的《自然系统》中，根据花的构造特点和花各部分数目（尤其是雄蕊数目），把当时已知植物分为 24 纲。其中第 1 至第 13 纲按雄蕊数目区分；第 14 至第 20 纲以雌蕊长短、雄蕊与雌蕊的关系以及雄蕊的联合情况区分；第 21 至第 23 纲按花的性别（如雌雄同株、异株、杂性花等）区分；第 24 纲为隐花植物，即今天所称的藻类、菌类、苔藓类和蕨类等孢子植物的总称。这种人们按照自己认识和应用上的方便或按植物的用途，选择植物一个或几个特征作为标准进行分类，然后按照人为标准顺序排成分类系统的分类方法称为人为分类法，其确立的系统称为人为分类系统。

人为分类法忽略了植物体的自然性和彼此间在演化上的亲缘关系，常将亲缘关系极远的种分在一个类群中，有其不科学的一面。但由于能满足当时生产实践的需要，而且可以灵活地按生产实践预期的目的，从不同角度归类，因此具有一定的实用意义。如园林树木分类法，可以按照树木性状分为针、阔、乔、灌、藤、竹，也可以按绿化用途和选用方式分为庭荫、行道、绿篱、抗污染树种等，还可以按观赏特性分为林木、花木、果木、荫木、叶木、蔓木等。但应指出，不论哪种人为分类方法，其识别、鉴定仍要以明确的性状为准，但实际应用是建立在科学的基础上。

2. 自然分类法

以植物的亲疏程度作为分类的标准，按照生物进化的观点，植物由于来自共同祖先而具有相似的遗传性，表现出形态、结构、习性等方面的相似，因此，根据植物相同点的多少就可判断它们之间亲缘上的亲疏程度。这种根据亲缘关系进行分类的方法是自然分类方法，其确立的系统称为自然分类系统。

19 世纪后期，随着达尔文的生物进化论的出现，自然分类系统逐渐发展起来。建立自然分类系统的大致程序是：依照植物相似的自然性状将个体归成群；将相似居群的归为种；将相似的种归为更高的分类群；依次得出隶属的各分类等级，如属、科、目、纲、门等。同时确立类群间的亲缘关系，排列出在系统中的位置。其特点是：不仅按客观存在的种，以其各自的形态特征，并利用比较形态学的方法分门别类，加以区分，再按它们之间的亲缘关系归属到各自的属、科、目、纲、门中，尽量体现演化过程中的亲缘关系。近几十年来，运用现代科学技术，产生了许多新的边缘学科，如数量分类学、统计分类学、孢粉分类学、细胞分类学、胞核分类学、化学分类学等，使自然分类系统不断逼近其真实面貌。

二、植物分类的依据

1. 形态学依据

自林奈提出“自然系统”的思想以来，全世界的分类学家已对 200 万种生物进行了分类命名，这是我们今天对生物资源进行分类的基础。这些分类命名工作基本上都是依据形态特征进行的。世界上没有外形完全相同的两个个体。虽然在特征上（表型）十分相似，但仔细观察，它们在大小、数量和色泽等方面总存在着或多或少的差异。在形态特征中，花与果实的特征是最重要的依据。它们是遗传性相对稳定、较少受环境等因素影响的器官。其次是营养器官特征，这是花期以外可提供鉴定依据最多的部分。按营养器官特征对植物进行分类，要特别注意其变异性。因为营养器官的特征常因不同的生境、同一个体的不同部位、不同年龄而变化。

随着科学的发展，人们发现许多“种”只是“形态学种”，并不是全面的“生物学种”。划分物种的形态学依据是重要的，但不应该是唯一的。运用新的仪器、新的技术能够揭露出更为可靠、更为全面的分类学性状。植物分类研究就应该从多方面吸取有价值的资料，使“自然分类”符合自然的本来面貌，使植物分类从单纯的依靠形态学资料扩展到依靠细胞学、遗传学、化学等多个学科。

2. 细胞学依据

体细胞中染色体的表型称之为核型，包括染色体的绝对大小、相对大小、臂比和着丝点的位置等内容，它在一个物种内通常是稳定的，通过比较个体或群体间核型的差异可为分类学提供依据。减数分裂时染色体的行为、染色体的倍性变化等都可以用来揭示种间关系。我国学者李林初对杉科的水杉属（*Metasequoia*）、巨杉属（*Sequoiadendron*）和北美红杉属（*Sequoia*）进行了细胞学研究，提出了北美红杉（*Sequoia sempervirens*）是由水杉（*Metasequoia glyptostroboides*）与巨杉（*Sequoiadendron giganteum*）（或它们的祖先）自然杂交而成，水杉是父本，巨杉是母本这一论点，从而揭示了我国特有的水杉和远隔太平洋、北美特有的巨杉和红杉的亲缘关系。

3. 分子生物学依据

形态差别是基因差别的一种外在表现。分子生物学就是直接在染色体 DNA 结构上寻找分子水平上的差异，作为分类的依据。DNA 双螺旋结构中，碱基配对有两种形式：A-T 与 G-C。不同物种 G + C 含量是不同的，亲缘关系越远，其 G + C 的含量差别就越大。这种遗传特征在高等植物分类上的应用，国内尚在推广之中。在细菌分类中已作为一个常规的分类指标。

DNA 分子杂交法是分子生物学用于分类的又一方法。由于各种生物的 DNA 上碱基顺序是各不相同的，因此 DNA 可作为分类的依据。利用 DNA 双链在一定温度下可以解链，在适当条件下又可再度结合的特性，将不同种个体得来的两条单链放在一起，检测它们在适当条件下形成杂交 DNA 分子的程度，就可知道这两个种的相似程度（同源性）。例如，野豌豆（*Vicia sepium*）的 DNA 中核苷酸序列有一半与豌豆（*Pisum sativum*）同源，而菜豆（*Phaseolus vulgaris*）和豌豆之间只有 1/5 是共同的，说明前二者的亲缘关系较近。

4. 化学依据

植物的化学成分组成随种类而异，因此化学组成可作为分类的一项重要依据。在分类上作为依据化学物质可分为次生代谢的小分子化合物，如植物碱、酚、萜、糖苷和蜡等，以及携带信息的大分子化合物，如 DNA、RNA 和蛋白质等。

血清方法既方便又快捷，是可以广泛用于动植物分类的一种方法。这一方法多半采用沉淀反应，它是从某一种植物或动物中提取纯化的某一种蛋白质，如绿色植物叶片中含量丰富的组分Ⅰ蛋白，注射到兔子身上，使兔子血清中产生抗体，然后提纯含有该蛋白抗体的血清（称抗血清），将其与要试验的另一种蛋白质悬浊液（抗原）进行凝胶扩散或免疫电泳，观察其产生的沉淀反应，来估计各不同生物的相关性或相似程度。相关性越高则沉淀反应越明显。还可直接用蛋白质或酶做电泳，分析比较两个种之间蛋白质区带谱或酶谱的异同，为分类学提供依据。

5. 超微结构和微形态学依据

利用扫描电镜或透射技术研究植物在超微结构上的差异作为分类依据。近几年，随着电镜技术的发展和实验成本的降低，通过电镜手段观察植物的超微结构，如植物表皮角质层的花纹和结构、气孔的结构、表皮毛形态和花粉粒结构等已越来越普遍。

综上所述，一切具有种间差异的特征均可作为分类的依据，而且能用于分类的特征非常多。近些年来，人们用新技术、新仪器和新方法发现了很多有价值的资料，补充或修改了传统分类法的许多不足之处。但我们并不能因此就认为新技术比旧技术能揭露更可靠更本质的性状，从而轻视依据比较形态学的传统分类法。事实上，没有哪一类依据可像形态学那样普遍地用于所有的高等植物、所有的分类等级，而且形态的差异通常也能够反映内在本质的差异。

三、常用的植物分类系统

目前，常用的植物分类系统有恩格勒系统、哈钦松系统、克朗奎斯特系统以及APG（Angiosperm Phylogeny Group，包括APG Ⅰ，APG Ⅱ，APG Ⅲ等）系统。

1. 恩格勒系统

这一分类系统是德国著名植物学家恩格勒（Engler）和柏兰特（Prantl）于1897年在《植物自然分科志》一书中发表的，是分类学史上第一个比较完整的自然分类系统。

恩格勒系统根据“假花学说”的原理，认为无瓣花、单性花、风媒传粉、木本等性状是原始的特征；而有花瓣、两性花、虫媒传粉是进化的特征。因此把柔荑花序类植物（胡桃科、壳斗科、木麻黄科等）当作被子植物中最原始类型，而把木兰科、毛茛科等看作是较进化的类型。

根据“假花学说”原理将植物分成 13 门，前 12 门为孢子植物，第 13 门为种子植物门（又称有管有胚植物、显花植物），下分裸子植物和被子植物亚门。共计 45 目 280 科。1964 年，在《植物分科志要》第 12 版中，对原系统作了一些修订，将单子叶植物纲移到双子叶植物纲的后面，把植物界分为 17 门，被子植物独立成为被子植物门，目、科作了调整，分为 2 纲 62 目 344 科。这个系统在世界各国影响极大。在我国，多数植物研究机构和大学生物系标本馆和出版的分类学著作，被子植物各科多按恩格勒系统第 11 版排列，如《中国植物志》《秦岭植物志》《内蒙古植物志》《河北植物志》《北京植物志》等。

2. 哈钦松系统

该系统是英国植物学家哈钦松（Hutchinson）于 1926 年和 1934 年在其《有花植物科志》Ⅰ、Ⅱ中所建立的系统。1959 年和 1973 年作了两次修订，从原来的 105 目 332 科增加到 111 目 411 科。

哈钦松系统赞同“真花学说”，即：认为已灭绝了的裸子植物中的本内苏铁目的两性孢子叶球演化出了被子植物的花，即孢子叶球主轴的顶端演化为花托，生于伸长主轴上的大孢子叶演化为雌蕊，其下的小孢子叶演化为雄蕊，下部的苞片演化为花被。哈钦松认为两性花比单性花原始；花各部分分离、多数的比连合、定数的略显原始；花各部螺旋状排列的比轮状排列的略显原始等。他还认为，被子植物是单元起源的；双子叶植物以木兰目和毛茛目为起点，从木兰目演化出一支木本植物，从毛茛目演化出一支草本植物，且这两支是平行发展的；无被花和有被花是后来演化过程中蜕化而成的；柔荑花序类各科来源于金缕梅目。单子叶植物起源于双子叶植物的毛茛目。

哈钦松系统把多心皮类作为演化起点，在不少方面正确阐述了被子植物的演化关系，有很大进步。该系统问世后，很快就引起了各国的重视和引用；但这一系统也存在某些问题，即将双子叶植物分为木本群和草本群，人为性较大，为一些分类学者所不赞成。半个世纪以来，许多学者对此进行了多方面修订，塔赫他间系统、克朗奎斯特系统都是在此基础上发展起来的。中国华南、西南采用哈钦松系统者较多，如《广州植物志》《海南植物志》等。

3. 克朗奎斯特系统

美国学者克朗奎斯特（Cronquist）于 1958 年发表了《有花植物的进化和分类》，在此书中公布了其被子植物分类系统。后于 1979 年和 1981 年修改。这一新系统与塔赫他间系统的主要观点趋于一致。例如，被子植物起源于种子蕨而非其他被子植物的出发点；单子叶植物起源于原始双子叶植物中可能与睡莲相似的草本植物。主要区别是：克朗奎斯特取消了“超目”的分类单元，压缩了科数并对一些分类单元的安排做了较大的调整。未成立毛茛亚纲，将毛茛目和罂粟目归入木兰亚纲内；瓶子草目归入五桠果亚纲内；芍药属只成立科，未成立芍药目，芍药科属于五桠果亚纲中的五桠果目中。在单子叶植物中，泽泻亚纲最原始，与其他各亚纲共同起源于原生被子植物。

克朗奎斯特系统将被子植物分为木兰纲和百合纲，前者包括 6 个亚纲 64 目 318 科，后者包括 5 亚纲 19 目 65 科，合计 11 亚纲 83 目 383 科。在各级分类系统的安排上，似乎比前几个分类系统更为合理，科的数目与范围较适中，更有利于教学。1981 年克朗奎斯特所著《有花植物的综合分类系统》一书中详细介绍了他的系统观点和各分类单元（科）的特征，内容丰富。我国出版的《中国高等植物》一书采用了此系统。

4. APG 系统

APG 系统，也称 APG 分类法，是指被子植物发育研究组（Angiosperm Phylogeny Group）以分支分类学和分子系统学为研究方法提出的被子植物分类系统，自 1998 年首次提出 APG Ⅰ之后，2003 年发布了 APG Ⅱ，2009 年发布了 APG Ⅲ，2016 年发布了最新的 APG Ⅳ。Cole 等构建了被子植物系统发育树结构图（https://doi.org/10.7287/peerj.preprints.2320v6），该图展示了 64 个目和 416 个科中多数科的进化关系，列出了每个目及其树的植物解剖学、形态学和化学特征。

1998 年之前人们提出的植物分类系统，是植物学家们基于观察、实验和统计方法，依据植物形态特征的不同划分物种，并根据重要特征的简化先后顺序按照界、门、纲、目、科、属、种、亚种等分类等级，将其绘制成一幅幅生命树。然而长得像的未必亲缘关系近，长得不像的亲缘关系未必远，亲缘关系的远近主要取决于植物自身的遗传物质。

APG 分类系统则是根据植物生物大分子数据如核酸或蛋白质分子构建的系统生命树，客观性更强。然而 APG 系统也存在一些缺陷，尽管在目、科分类等级上趋于稳定，在属、种分类等级上存在较大争议。但目前 APG 分类系统已被国内外多数学者接受和认可。

第二节　植物分类的等级与命名

一、植物分类的等级

在整个植物界中，植物的种类数量繁多，且每种植物在进化系统中都有它自己的位置，这一位置表达了它与周围植物之间的亲缘关系。为了清楚地表达出各种植物的亲缘关系及其在进化系统中的位置，根据植物的形态特征（亲缘关系），将形态特征相似的植物归入一定的类群。为了便于分门别类，按照植物类群的等级，各给予一定的名称，这就是植物分类上的各级单位（分类阶层），也就是等级。植物界共有 22 个分类等级，其中最基本的等级有界（regnum）、门（divisio）、纲（classis）、目（ordo）、科（familia）、属（genus）、种（species）七级单位，它们是命名任何一种植物时必须指明的分类等级。有时在各个阶层之下，根据实际需要又可再划分更细的单位，如亚门（subdivisio）、亚纲（subclassis）、亚目（subordo）、亚科（subfamilia）、族（tribus）、亚族（subtribus）、亚属（subgenus）、亚种（subspecies）或组（sectio）或系（series）等组成阶层，这些等级代表着植物分类的各级单位。每一阶层都有相应的拉丁词和一定的词尾，即拉丁命名。

必须指出，在这个系统中除了种这个等级以外，其余各等级均是人为划分的，所以有关这些等级的大小，各门派之间有不同的看法。如恩格勒系统中五味子属木兰科，哈钦松则将木兰科又分为三个科，而五味子改属五味子科。

种是生物分类最基本的单位，是自然界客观存在的一个群体，是具有一定的自然分区和一定的生理特征与形态特征的生物类群，同一个种中的各个个体具有相同的遗传性，而且彼此交配可以产生后代；但种间杂交不育，种是生物进化与自然选择的产物。

如果在种内的某些个体之间又有差异时，可视差异的大小，再划分为亚种、变种及变型等。

（1）亚种（subspecies，subsp.）是种内个体在地理上和生殖上发生隔离初期所形成的群体，有一定的形态特征和地理分布区，故亦称“地理亚种”。如稻（*Oryza sativa*）种下的籼稻（*Oryza sativa* subsp. *indica*）和粳稻（*Oryza sativa* subsp. *japonica*）即为不同的亚种，两者除形态、生理等性状有区别外，籼稻多分布在纬度较低的高温、强光、多湿的热带及亚热带地区；而粳稻多分布于纬度较高、气候温和的温带及亚热带北缘地区。亚种是渐变型物种形成过程中的必经之路。

（2）变种（variety，var.）与原种（原变种）的区别通常仅有 1～2 个形态和生理性状的差异，无地理分布的区别，因此在系统进化理论上，认为变种实际上是同种不同基因型的表现。如锐齿槲栎（*Quercus aliena* var. *acuteserrata*）是槲栎（*Quercus aliena*）的变种。

（3）变型（form，f.）为形态或个别性状变异比较小的类型，通常只有 1 个性状的差异，看不出有一定的地理分布区。变型常见于栽培植物之中，如葫芦枣（*Ziziphus jujuba* f. *lageniformis*）为枣（*Ziziphus jujuba*）的一个变型，果似倒挂的葫芦。

二、植物分类的命名规则

根据《国际植物命名法规》，对种的命名通常采用“双名法”进行命名，而对种以上和以下的各分类单位则采用“三名法”和“单名法”进行。现将各种命名方法分述如下：

1. 植物种的学名命名方法

对植物种的学名命名常采用双名法。一个完整的植物种的学名包括属名、种加词和命名人姓氏或姓氏缩写，如水稻：

Oryza *sativa* L.

属名 种加词 命名人姓名或其缩写[L.为林奈（Linnaeus）缩写]

（1）属名。属的名称，一般采用拉丁文的名词，第一个字母必须大写。若用其他文字或名词，则必须使其拉丁化，即词尾变成在拉丁文法上的单数，主格。而且属名有三性，即阳性、阴性和中性，如词尾-us，-er 为阳性，词尾-a，-is 为阴性，词尾-um，-e 为中性。

（2）种加词。一般是形容词，也可是名词、人名、地名，其第一个字母必须小写。同一属内不能用相同的种加词，否则会引起混乱；不同属的植物则可用同样的种加词。

（3）命名人及其缩写规定。

①命名人姓氏第一个字母必须大写，一般用姓氏缩写。如 Linnaeus 缩写成 L.；Robere Brown 缩写成 R. Br.。

②若出现两个命名者，两命名者之间加“et”或“ex”。“et”是拉丁文“和”的意思，表示由两个命名者共同命名。如：紫草（*Lithospermum erythrorhizon* Siebold et Zucc.）。“ex”表示“从”或“根据”。如一拉丁学名由甲命名，但尚未正式发表，后经乙描述代为发表，则种名之后加最初命名者甲和后来命名者乙，两命名者之间用 “ex” 连接。如广西喀斯特地区的珍稀濒危植物金丝李（*Garcinia paucinervis* Chun ex F. C. How）。

③中国的命名人，根据 1979 年中国植物志编委会的新规定，一律用汉语拼音名，但过去已经沿用的命名人，不再改动。

2. 植物种以下单位的学名命名方法

某植物种内的某些植物个体，因其分布的地域不同，造成了它在形态特征上出现了一些差异，为了能够准确地表达出各个植物性状，在进行植物分类时，在种以下又设置了三个分类即一个完整的植物种以下单位的学名包括属名、种加词、种以下单位的加词及其命名人姓氏或姓氏缩写。

（1）亚种学名命名方法。一个完整的亚种学名应包括：属名 + 种加词 + 命名人 + subsp. + 亚种加词 + 亚种命名人。如锈鳞木樨榄：

Olea	*europaea*	L.	subsp. *cuspidata*	（Wall. ex G. Don）Cif.
属名	种加词	命名人	亚种加词	亚种命名人姓氏缩写

其中 subsp.是 subspecies（亚种）的缩写，在亚种学名中，它是不可缺少的部分。

（2）变种学名命名方法。一个完整的变种学名应包括：属名 + 种加词 + 命名人 + var. + 变种加词 + 变种命名人。如小花扁担杆：

Grewia	*biloba*	G. Don	var. *parviflora*	（Bunge）Hand.-Mazz.
属名	种加词	命名人	变种加词	变种命名人姓氏缩写

其中 var.是 variety（变种）的缩写，在变种学名中，它是不可缺少的部分。

（3）变型学名命名方法。一个完整的变型学名应包括：属名 + 种加词 + 命名人 + f. + 变型加词 + 变型命名人。如葫芦枣：

Ziziphus	*jujuba*	（L.）Lam.	f. *lageniformis*	（Nakai）Kitag.
属名	种加词	命名人姓氏缩写	变型加词	变型命名人姓氏缩写

其中 f. 是 form（变型）的缩写，在变型学名中，它是不可缺少的部分。

3. 植物种以上单位的学名命名方法

植物种以上的分类单位用“单名法”进行命名。

（1）属的学名命名方法。一个完整的植物属名包括：属名 + 姓氏或姓氏缩写。如凤仙花属 *Impatiens* L.。

（2）属以上单位的学名命名方法。通常采用将本单位内具有代表性的下一级单位的学名词尾去掉，再加上本级单位的词尾即可。

①科的学名：去掉本科内具有代表性的属的学名词尾，加-aceae 组成科的学名。如蔷薇科的学名（Rosaceae）就是由蔷薇属（*Rosa*）的学名去掉词尾-a 再加上-aceae 构成。

②目的学名：去掉本目内具有代表性的科的学名词尾，加-ales 组成目的学名。如蔷薇目的学名（Rosales）就是由蔷薇科（Rosaceae）的学名去掉词尾-aceae，再加上-ales 构成。

③纲的学名：纲的学名组成以-opsida 结尾。如木兰纲 Magnoliopsida。

④门的学名：门的学名组成以-phyta 结尾。如种子植物门 Spermatophyta。

（3）其他。对在上述单位以外的各次（亚）级单位，如科与属之间的族、亚科等，它们的命名方法与属以上单位的命名方法相同。

①族的命名：将本族内有代表性的属的学名去掉词尾，加-eae 组成族的学名。如柯族 Pasanieae。

②亚科的学名：将本科内有代表性的属的学名去掉词尾，加-oideae 组成亚科的学名。如栎亚科 Quercoideae。

通过学习以上的命名方法，并将其应用于实践，我们就可以对每种植物进行严格的命名和阶层分类了。通过对各阶层按照命名方法进行命名后得到学名，并将学名按照分类阶层编制成图，我们就可很方便地从图中得到每种植物的明确的分类地位，同时又可以表达出它与周围植物之间的亲缘关系。

如荷花蔷薇，经过命名后，按照它的分类阶层编制的系统图为

界：植物界（Plantae）

　门：种子植物门（Spermatophyta）

　　纲：木兰纲（Magnoliopsida）

　　　目：蔷薇目（Rosales）

　　　　科：蔷薇科（Rosaceae）

　　　　　属：蔷薇属（*Rosa*）

　　　　　　种：野蔷薇（*Rosa multiflora*）

　　　　　　　变种：柳叶蔷薇（*Rosa multiflora* var. *watsoniana*）

三、国际植物命名法则简介（ICBN）

《国际植物命名法规》（*International Code of Botanical Nomenclature*）是 1867 年在法国巴黎举行的第一次国际植物学会议中创立的。1910 年在比利时的布鲁塞尔召开的第三次国际植物学会议，奠定了现行通用的《国际植物命名法规》的基础。以后在每 5 年召开的每届国际植物学会议后加以修改补充。我国正式翻译出版的有《国际植物命名法规：蒙特利尔法规》（匡可任译）、《国际植物命名法规：列宁格勒法规》（赵士洞译）、《国际植物命名法规：圣路易斯法规》（朱光华译）和《国际植物命名法规：维也那法规》（张丽兵译），这是目前我国植物命名的主要参考文献。

《国际植物命名法规》以法律的形式规定了植物命名的原则，以便在国际范围内取得一致，保证以最大的可能使一个名称具有准确性和稳定性，能够长时期地继续使用，克服混乱。

命名法规有如下要点：

1. 给一个植物命名必须先明确它的分类位置

植物界共有 22 个分类等级，每种植物的命名须明确在这个阶层系统中的位置，并且只占一个位置。这个阶层系统也可用“盒中盒”的方式形象地表示，如图 2-1。

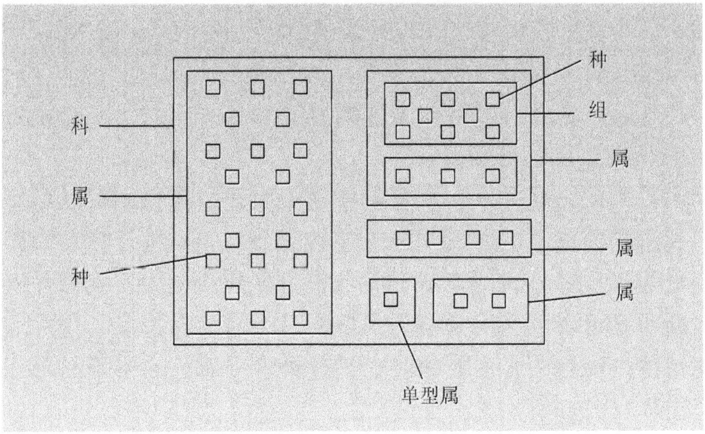

图 2-1　阶层系统用“盒中盒”方式的表达

2. 优先律原则

植物新种名称的达标具有优先权，凡符合命名法规的最早发表的名称，为唯一的正确名称。优先律指出版上的优先。种子植物的种加词（种名）优先律的起点为1753 年 5 月 1 日，即以林奈所著而在 1753 年 5 月 1 日出版的《植物种志》（*Species Plantarum*）为起点；属名的起点为 1754 年与 1764 年，即自林奈所著《植物属志》（*Genera Plantarum*）的第 5 版与第 6 版开始。因此，1 种植物如已有 2 个或 2 个以上的学名，应以最早发表的名称为合用名称。例如，麦冬有多个学名，分别为：

Ophiopogon japonicus（1807）；

Slateria japonica（1830）；

Anemarrhena cavaleriei（1835）；

Ophiopogon chekiangensis（1982）；

Ophiopogon stolonifer（1905）；

Ophiopogon argyi（1910）；

Mondo stolonifer（1921）；

Mondo japonicum（1921）。

按命名法规的优先律原则，*Ophiopogon japonicus* 发表年代最早，应作为合法有效的学名，其他均为它的异名（synonym）。

3. 植物命名的模式法和模式标本

相邻物种间的形态可能差异不很显著，为了使各种植物的名称和所指物种之间具有固定的、可核查的依据，在给新种命名时，除了必要的形态描述和图解外，还需将发表时所凭借的标本永久保存，作为今后核查的有效资料。科或科级以下的分类群的名称，都是由命名模式来决定的。更高等级（科级以上）分类群的名称，只有当其名称是基于属名的才是由命名模式来决定的。种或种级以下的分类群的命名必须有模式标本作根据。模式标本有下列几种：

①主模式（holotype）标本（全模式标本、正模式标本）

是由命名人指定的模式标本，即著者发表新分类群时据以命名、描述和绘图的那一份标本。

②等模式（isotype）标本（同号模式标本、复模式标本）

系与主模式标本为同一采集者在同一地点与时间所采集的同号复份标本。

③合模式（syntype）标本（等值模式标本）

著者在发表一分类群时未曾指定主模式而引证了 2 个以上的标本或被著者指定为模式的标本，其数在 2 个以上时，此等标本中的任何 1 份，均可称为合模式标本。

④副模式（paratype）标本（同举模式标本）

对于某一分类群，著者在原描述中除主模式、等模式或合模式标本以外同时引证的标本，称为副模式的标本。

⑤新模式（neotype）标本

当主模式、等模式、合模式、副模式标本均有错误、损坏或遗失时，根据原始资料从其他标本中重新选定出来充当命名模式的标本。

⑥原产地模式（topotype）标本

当不能获得某种植物的模式标本时，便从该植物的模式标本产地采到同种植物的标本，与原始资料核对，完全符合者以代替模式标本，虽然采集人与采集日期不尽相同，称为原产地模式标本。

⑦后选模式（lectotype）标本（选定模式标本）

当发表新分类群时，著者未指定主模式标本或主模式标本已遗失或损坏，由后来的著者根据原始资料，在等模式或依次从合模式、副模式、新模式或原产地模式标本中，选定 1 份作为命名模式的标本，即为后选模式标本。

4. 每一种植物只有一个合法的正确的名称

若发生同物异名的状况时，应将不符合命名法规的名称视作异名（synonym）加以废弃。

5. 已废弃的学名，不得用于另一种植物

6. 给一种植物命名必须采用双名法

双名法是生物分类之父林奈于 1753 年在《植物种志》一书中建议和创立的。双名法（binomial nomenclature），即属名 + 种加词 + 命名人。属名通常使用拉丁

文名词，如果引用其他语言的名词，则必须拉丁化。属名第一个字母必须大写。种加词的各字母均小写。种加词通常是反映该植物特征的拉丁形容词。命名人的名字的缩写，除了林奈所命名的后面直接加上 L.外，其他命名人不得只用名字的首字母。少数具亚种或变种的，采用三名法。

7. 属的转移

植物学学名中，经常会见到命名人和种加词之间会有另外一个用括号括着的命名人，这代表着什么意思呢？以杉木的学名 *Cunninghamia lanceolata*（Lamb.）Hook. 为例来解释说明。该种最初由兰伯特（Lambert）放在松属 *Pinus* 内，定名为 *Pinus lanceolata* Lamb.。之后罗伯特·布朗（Robert Brown）认为杉木为一个独立的新属——杉木属 *Cunninghamia*，把已发表过的种杉木当作新种再次发表，并定名为 *Cunninghamia sinensis* R. Br. ex Rich.（1826 年）。这样的处理并不符合《国际植物命名法规》条例。1827 年，胡克（Hooker）在研究了该种的全面资料后，认为杉木的形态结构与松属植物差别很大，R. Br.和 Rich.建立杉木属的观点是正确的，应该将杉木从松属转移到杉科杉木属中来，按命名法规关于新组合（comb. nov.）的规定：当一个学名转移到另一分类单位时，如果等级不变（如还是种这个等级，或者从一个种下的变种转移到另个种下仍做变种处理），发表最早的种加词（此处为 *lanceolata*）应予以保留，原命名人的名字应放在括号内，重新组合的学者名放在最后；照此规定，杉木新组合的学名应为 *Cunninghamia lanceolata*（Lamb.）Hook.。因此，*Cunninghamia lanceolata*（Lamb.）Hook.才是杉木至今为止唯一的正确的合法学名，其他两个拉丁名为它的异名。后人若鉴定困难需要核对原始资料时，便应该查找 Lamb.的资料，这样能有效避免新组合学名指向另一植物的可能，保证了一物一名。

8. 保留名

保留名（nomen conservandum）是不合命名法规的名称，按理应不通行，但由于用久了已习惯，经公议可以保留。这一部分数量不大。例如，科的拉丁词尾有一些并不都是以-aceae 结尾的，如伞形科（Apiaceae）可写为 Umbelliferae；禾本科（Poaceae）可写为 Gramineae。

9. 合法的学名必须有正式出版物发表的描述[①]

10. 两种不同的植物不能用同一学名

① 自 1935 年 1 月 1 日起（藻类自 1958 年 1 月 1 日起），除细菌与古植物外，皆需用拉丁文。

11. 根据畸形植物命名的名称必须取消

12. 缩写

植物学名中常附带一些缩写，现选其中最常见的部分摘录如表 2-1。

表 2-1　植物学名中部分常见的一些缩写及意译

缩写	拉丁文全拼	中文意译
comb. nov.	combinatio nova	新组合
cult.	cultus	栽培的
cv.	cultivarietas	栽培变种，品种
et	et	和、同、以及
ex	ex，e	从，出自
f.	form	变型
nom. nud.	nomen nudum	裸名
nov. sp.	nova species	新种
sect.	sectio	组、节
sp. nov.	species nova	新种
spp.	species plurimus	许多种
subsp.	subspecies	亚种
subgen.	subgenus	亚属
syn.	synonym	异名
var.	variety	变种

第三节　植物检索表的编制方法

一、植物检索表的编制

植物检索表是根据法国著名的生物学家拉马克 1778 年提出的二歧分类原理，以对比的方式而编制成区分植物种类的表格。具体说，就是把各种植物的关键性特征进行比较，抓住区别点，相同的归在一项下，不同的归在另一项下，在相同的项下，又以不同点分成相对应的二项，依次下去，最后得出不同种的区别。各分类等级，如门、纲、目、科、属、种均可编制成检索表，其中科、属、种的检索表最为重要，最为常用。

植物检索表是以区分植物为目的而编制的。编制时，把原来一群植物的主要鉴别特征挑选出来，按二歧分类原理，把对应性状分成相对应的两个分支，再把每个分支中相对应的性状又分成相对应的两个分支，依次下去，直到欲编制的目标检索表的终点为止。为了便于应用，在各分支的前边按其出现的先后顺序加上一定的顺序数字或符号，相对应的两个分支前的顺序数字或符号应是相同的。

植物检索表并不包括所列植物类群的全部特征，只含明显的共性或个性。编制检索表的过程中，对其所采用植物特征的取舍，通常采用“由一般到特殊”“由特殊到一般”的原则，即首先对每种植物的特征进行认真观察和记录，在掌握各种植物特征的基础上，根据标志目标（如分门、分纲、分科、分属、分种）的不同，列出它们相似特征和区别特征的比较表，同时找出它们之间突出的区别和共同点。在编制植物检索表中成对性状时，一般都选用相反或容易区别的（如单叶和复叶，草本和木本等），而不采用似是而非或不确定的特征（如叶大、叶小等）；在编制过程中，还应注意到，同一物种（或同一类植物），由于所处生境条件的不同，出现了不同的性状（如乔木或灌木等），在编制时，就应在相应的条目（如乔木或灌木等）下，都将它们包含进去，这样就可以保证能检索到它们。

对于同级分类群的检索表，因其所针对的地域不同，同一编者所选取的主要鉴别特征也有差异。如世界性的专科、专属检索表，由于它包括全世界这一科（属）所含有的全部植物类群，因此比起某一区域性的同科（属）的检索表所使用的鉴别特征就要复杂些，编起来就要困难得多。区域越小，包括的植物类群越少，其检索表编制越容易，也越简单，越易于查阅。故在鉴别某一地区植物时利用当地植物志或植物检索表最为便利。

二、植物检索表的种类

根据对应的两项特征之间的间隔距离的不同，检索表可分为定距式、平行式和连续平行式三类检索表。常用的是定距式检索表。定距式检索表中，第一项两个相对性状叙述内容都写在左起第一个格内，前面标以相同的数字号码，根据该项的两个相对性状各自包含多少植物类群或种类来确定两者之间有多大距离，而第二项两个相对性状的叙述内容则比第一项的叙述内容向右下移一个格，即写在左起第二个格内，以此类推直至终止。平行式检索表中，每一项中的两个相对性状的叙述内容都写在相邻的两行中，两两平行，并在后面注明下一项将要寻查的数字号码，直至编制终结。连续平行式这种检索表编写的方式与平行式检索表相似，将每对显著的对立特征的号码写在前面，并用两个号码表示，如此类推，向下追查，直到符合某一类为止。以植物界分门为例来说明三种类型的检索表编制方法，首先得对植物界6门植物的形态性状进行归纳：

（1）藻类植物：植物体无根、茎、叶分化，能进行光合作用，为自养生活方式的原植体植物；

（2）菌类植物：植物体无根、茎、叶分化，无光合色素，为异养生活方式的原植体植物；

（3）地衣植物：植物体无根、茎、叶分化，是藻菌共生体；

（4）苔藓植物：植物体有根、茎、叶分化，无真根，生殖过程产生胚；

（5）蕨类植物：植物体有根、茎、叶分化，有真根，生殖过程产生胚但不产生种子；

（6）种子植物：植物体有根、茎、叶分化，有真根，产生种子，根据胚珠是否有包被分为裸子植物和被子植物。

根据这些性状，绘制以下三种类型的检索表。

（一）植物界分门检索表（定距式）

1. 植物体无根、茎、叶的分化，无胚……………………………………低等植物
  2. 植物体不为藻类、菌类所组成的共生体。
    3. 植物体内具叶绿素或其他光合色素，为自养生活方式…………藻类植物门
    3. 植物体内无叶绿素或其他光合色素，为异养生活方式…………菌类植物门
  2. 植物体为藻类、菌类所组成的共生体……………………………………地衣植物门
1. 植物体有根、茎、叶的分化，有胚……………………………………高等植物
  4. 植物体有茎、叶和假根……………………………………………………苔藓植物门
  4. 植物体有茎、叶和真根。
    5. 不产生种子，孢子繁殖……………………………………………………蕨类植物门
    5. 产生种子。
      6. 胚珠裸露………………………………………………………………裸子植物门
      6. 胚珠由子房包被…………………………………………………………被子植物门

（二）植物界分门检索表（平行式）

1. 植物体无根、茎、叶的分化，无胚（低等植物）…………………………………2
1. 植物体有根、茎、叶的分化，有胚（高等植物）…………………………………4
2. 植物体为藻类、菌类所组成的共生体……………………………………地衣植物门
2. 植物体不为藻类、菌类所组成的共生体……………………………………………3

3. 植物体内具叶绿素或其他光合色素，为自养生活方式……………藻类植物门
3. 植物体内无叶绿素或其他光合色素，为异养生活方式……………菌类植物门
4. 植物体有茎、叶和假根 ……………………………………………………苔藓植物门
4. 植物体有茎、叶和真根 ……………………………………………………………… 5
5. 不产生种子、孢子繁殖 ……………………………………………………蕨类植物门
5. 产生种子 ………………………………………………………………………………… 6
6. 胚珠裸露 ……………………………………………………………………裸子植物门
6. 胚珠由子房包被 ……………………………………………………………被子植物门

（三）植物界分门检索表（连续平行式）

1.（6）植物体无根、茎、叶的分化，无胚。（低等植物）
2.（5）植物体不为藻类、菌类所组成的共生体。
3.（4）植物体内具叶绿素或其他光合色素，为自养生活方式…………藻类植物门
4.（3）植物体内无叶绿素或其他光合色素，为异养生活方式…………菌类植物门
5.（2）植物体为藻类、菌类所组成的共生体 ………………………………地衣植物门
6.（1）植物体有根、茎和叶的分化，有胚。（高等植物）
7.（8）植物体有茎、叶和假根 ………………………………………………苔藓植物门
8.（7）植物体有茎、叶和真根。
9.（10）不产生种子，孢子繁殖…………………………………………………蕨类植物门
10.（9）产生种子……………………………………………………………………种子植物门

为了便于掌握编制检索表的方法，下面以松科分属检索表为例，介绍下三种检索表的编排方式，以供参考。

（一）定距式检索表

1. 叶单生，螺旋状排列。
   2. 球果直立，种鳞脱落，不具叶座 ……………………………… 冷杉属 *Abies*
   2. 球果下垂，种鳞宿存，具突出叶座 …………………………… 云杉属 *Picea*
1. 叶 2 至多枚簇生在短枝上。
   3. 叶 2～5 针一束，种鳞端加厚………………………………………… 松属 *Pinus*
   3. 叶多枚簇生在短枝上，种鳞端扁平。
      4. 叶冬季脱落 ……………………………………………………… 落叶松属 *Larix*
      4. 叶常绿 …………………………………………………………… 雪松属 *Cedrus*

（二）平行式检索表

1. 叶单生，螺旋状排列 ………………………………………………………… 2
1. 叶 2 至多枚簇生在短枝上 ……………………………………………… 3
2. 球果直立，种鳞脱落，不具叶座 ……………………………… 冷杉属 *Abies*
2. 球果下垂，种鳞宿存，具突出叶座 …………………………… 云杉属 *Picea*
3. 叶 2～5 针一束，种鳞端加厚…………………………………………… 松属 *Pinus*
3. 叶多枚簇生在短枝上，种鳞端扁平 ……………………………………… 4
4. 叶冬季脱落 …………………………………………………………… 落叶松属 *Larix*
4. 叶常绿 ………………………………………………………………… 雪松属 *Cedrus*

（三）连续平行式检索表

1.（4）叶单生，螺旋状排列。
2.（3）球果直立，种鳞脱落，不具叶座 ……………………………… 冷杉属 *Abies*
3.（2）球果下垂，种鳞宿存，具突出叶座 …………………………… 云杉属 *Picea*
4.（1）叶 2 至多枚簇生在短枝上。
5.（6）叶 2～5 针一束，种鳞端加厚…………………………………… 松属 *Pinus*
6.（5）叶多枚簇生在短枝上，种鳞端扁平。
7.（8）叶冬季脱落 …………………………………………………… 落叶松属 *Larix*
8.（7）叶常绿 ………………………………………………………… 雪松属 *Cedrus*

由上看出，三种检索表所采用的特征是相同的，不同之处体现在编排方式上。每种检索表在应用上各有优缺点。定距式检索表条理性较强，主从关系一目了然，简便好用，不易出错，即使出错也便于检查错在何处。但一旦内容过多，随着序号递增，描写行越来越短，浪费篇幅，此时用平行式检索表就会方便很多。平行式检索表对比鲜明，容量大，节省篇幅，但使主从关系被对比项隔开，检索中一旦出现错误，很难检索错误出自何处。连续平行式检索表既能克服定距式检索表浪费篇幅的缺陷，又能弥补平行式检索表不清晰的缺陷，这对于检索是一种很方便的格式，但编制检索表时比较费事。

以上检索表所采用的特征是相同的，所不同的是在编排上存在着较大的差异。目前采用最多的，功能发挥最充分的还是定距式检索表。

第三章　植物标本的采集、制作与保存

第一节　植物标本的采集

植物标本是将植物全株或其中一部分，经过采集和适当处理后能长期保存其原形或基本特征的植物体。它包含着一个物种的大量信息，诸如形态特征、地理分布、生长环境、物候期、用途等，是植物分类和植物区系研究必不可少的科学依据，也是植物资源调查、开发利用和保护的重要资料。植物标本可以克服季节性和区域性的限制，能直观地展示植物形态特征，不仅能促进植物教学效果，更是植物分类研究的科学凭证，因此，植物标本的采集、制作与保存，是从事植物学教学和科研必不可少的技能技巧和基本知识。

一、植物标本的分类

根据不同的方法可以将植物标本分为数种。

根据处理和保存的方法不同，可分为干制标本和浸制标本。干制标本又分为砂干标本、风干标本和压制标本，其中，压制标本最为常见，是将采集到的植物体用标本夹和吸水纸压制而成，也叫“腊叶标本”。浸制标本是指用化学剂保存液将植物浸泡起来而制成的标本。

根据使用目的不同可将其分为整体标本、解剖标本、系统发育标本、比较标本等。整体标本通常用来识别植物、鉴定学名和鉴别中草药。解剖标本的制作目的在于观察、研究某一器官的内部组织结构。系统发育标本主要用于科研和生物教学，其目的在于观察植物的生活史。比较标本用来比较不同植物某一器官的异同。

二、采集的时间和地点

每种植物生长发育的时期不同，因此，采集的时间也不同。一般采集应在花果最多的季节采集，如初秋季节。采集时应尽量选择晴朗的天气，如果植物含水过多不利于压干，容易霉变。尽可能采集到不同生境下的植物标本，并在标签上标明采集地点。因此，我们在采集植物标本时，必须根据采集的目的和要求，确定采集的时间和地点，这样才能采到需要的和不同类群的植物标本。

三、植物标本的选取

在植物标本的采集过程中，要特别注意所采标本的完整性和典型性，切勿采集发育不良、病害或虫咬的或机械损伤的植株为标本。

标本的采集数量，每号标本至少采集 3 份，用于交流时需多采。

采集时还应注意资源保护的问题，对稀有或者濒危的物种尽量少采或不采，或者以照片的形式代替采集标本。

标本采集完立即对其编号，同一地点采集同一植物的不同标本应编同一个号，拴号牌，填写采集记录表，表中每项须认真填写，尤其写明容易变化的性状，如颜色、气味、乳汁等。

对于雌雄异株、单性花、花柱异长的种类，应分别采集不同的种类，使每一物种标本齐全，以便研究时鉴定。

四、植物标本的采集方法

植物的形态繁杂多样，根据植物的生长状态和主要特征，不同的植物采集方法也有所不同。

（一）蕨类植物

蕨类植物的分类依据是孢子囊群的构造、排列方式、叶的形状和根茎特点等，所以要采全株，包括带有孢子囊和根茎，否则不易鉴定。如果植株太大，可以采集叶片的一部分、叶柄基部和部分根茎，同时认真记录下植物的实际高度、阔度、裂片数目和叶柄的长度。用相机拍摄全株。

（二）裸子植物

裸子植物的分类识别特征有叶、枝、孢子叶球或球果等，因此必须采集具有这些特征的枝条标本。苏铁纲、松柏纲植物的采集应注意选择较小的叶片，带有大、小孢子叶球的标本；应注意鳞叶及营养叶；长短枝也要采全。要记录好采集时的雌雄株。采集时应用枝剪或高枝剪，尽量不要破坏树形。

（三）被子植物

1. 木本植物

一般采集具有叶、花、果的枝条，部分新老叶形态不同的植物，需同时采集新老枝，枝条长度不超过 35 cm，宽度不超过 25 cm，同一地点采集标本 3～5 份。

2. 草本植物

采集时要采全株，应注意完整性，根、茎、叶、花、果都要有。如果地下有根茎、块茎、鳞茎、块根等，一定要一起采集，特别是百合科、天南星科、薯蓣科、兰科等科的植物。高大草本常有基生叶和茎生叶两种不同的叶型，因此两种叶型都要采集。

3. 寄生植物

对寄生植物应连同寄主一起采集，并将寄主的种类、形态、同被采的寄生植物的关系等记录在采集记录上。

4. 藤本植物

剪取能表示它的藤本性状的一段，用相机拍摄其缠绕姿态、方向等主要特征。

5. 水生植物

沉水植物的采集，应在水浅的地方采集，选择株型软小的植物。标本应连同根拔出或采集具有识别特征的花果的茎叶。挺水植物一般属多年生草本，一定要采一段根茎。水生植物的茎叶较纤细，捞出水后，枝叶会粘叠，通常采用藻类植物腊叶标本的制作方法来处理。

6. 其他植物

采集藻类、伞菌、菌核和苔藓植物时，要用采集刀从基部把植物体挖出，生长在岩石、腐木或树皮上的最好带少部分泥土、木材或树皮；对于带有菌托或假根的伞菌，一定要连菌托或假根一起挖起。挖起的标本务必保护好易脱落的菌环、菌托或其他附属物。同时注意观察和记录该植物标本的生态环境与周围的关系。苔藓植物多呈丛状、块状或疏松的悬垂状，可以直接用手或利用小刀和凿刀采集。多数苔藓植物不易腐烂，野外采集时应先用旧报纸包好，尽量让植物体保持原状，并做好地点和生境采集记录，带回实验室后让其在自然阴凉处晾干，然后移入牛皮纸的标本袋中。水分多的苔藓标本，要多次换纸。一些湿土生长或水生的种类（如角苔，浮苔等），野外采集时需要去掉泥土，但要保持假根、鳞片之类的结构，通常制作浸制标本为好。野外采集苔藓时应特别注意树干的不同高度的种类和不同生境的种类。一般大小的苔藓植物，一份标本只需采集手掌大小的一块即可。

五、野外采集必备工具

枝剪、高枝剪、掘根器、标本夹、吸水纸、采集袋、标签、采集记录本、经纬仪、地图、相机、烘干机、纸袋、广口瓶及固定液、观察记录用品如笔和小刀、医药箱等。

第二节　植物标本的制作

一、腊叶标本的制作

在标本制作前，对标本去杂，清除枯枝和病虫害叶，叶较密集时适当修剪，去污，然后进行压制。腊叶标本的制作主要有如下步骤：

1. 压制

野外采集回来的标本制作需当天完成，去杂去污后，将其放在有吸水纸的标本夹中进行压制。压制时，压制对象不同，需注意的地方不同。木本植物一般按 35 cm×45 cm 规格大小直接放平压制；对于过长的草本植物，可折成“V”或“N”形，再大时可截取根、茎中部（带叶）、茎上部（带叶、花、果）三段压制；对于具有鳞茎、球茎或块茎的植物，可纵向切去 1/2 或割去内部的肉质部分再压制；对于多肉多浆植物，可用开水烫（花不烫）后压制。

水生植物标本的压制要特别注意。制作前将冲洗干净的标本放入脸盆或标本盘内，将裁好的台纸（或较厚的绘图纸）浸入水中，从标本下方将标本轻轻托住并用镊子整理好形状使其呈自然状态，再将台纸同标本一起慢慢托出水面，稍倾斜使其上的水流掉，然后放到吸水纸上，盖上纱布，再放数张吸水纸，压入标本夹内。换纸时不要移动纱布，约 3 天后抽出纱布，再换干燥的吸水纸，直到全干。

2. 换纸

原则上换纸越勤，标本干得越快，原色就保存得越好。通常为标本压入前两天，每天换纸 2～3 次，随后可每 1～2 天换一次纸。换纸后用绳索捆好标本夹，换下来的吸水纸应及时晒干或烘干以供继续使用。

3. 整形

标本质量的好坏与换纸时的整理工作有关。第一次换纸时，用镊子将卷曲的花瓣、叶片展平，凡是有折叠的部分都要展开，同时要使各部分之间不要重叠；多余的叶片，从叶基的上面剪掉，留下叶柄和叶基，用来表示叶序类型和叶基的形态；去掉多余的花也应当留下花梗。叶片和花须有部分背面朝上，以便日后观察和鉴定。标本上脱落下来的部分，如果实或种子，要及时收集装袋，并注上标本号与原标本放在一起。

4. 消毒

干制后的标本常带有害虫和虫卵，需消毒防止虫蛀。消毒方法为：将标本放入密闭的容器内，用敌敌畏、硫黄或其他药品蒸煮或熏蒸，也可用 1%的升汞酒精（95%）浸泡 10 分钟。消毒后的标本要放在标本夹里重新压干，才能装上台纸。

5. 上台纸

“台纸”是指承托腊叶标本的白纸板，长约 40 m，宽约 30 cm，每张台纸上只能固定相同的采集号的一种标本。先将腊叶标本按自然状态摆在台纸的适当位置，台纸的右下角和左上角留出一些空间用以粘贴标本签和野外采集记录复写单，然后固定标本。标本固定方法有 3 种：一是订线，适于枝条粗硬的标本；二是纸条贴压，适于枝条纤细的标本；三是胶粘，适于水生细小标本如浮萍等。凡是脱落下来的花、果、种子、叶及鳞片等，收集起来并装袋，粘在台纸的右上角，袋上注明采集号。订好标本后在台纸上覆上盖纸（一般用半透明的油光纸），盖纸较台纸稍长，长出的部分放在上端，反折粘贴在台纸背面，这样一份腊叶标本就制成了。

6. 定名

标本上好台纸后，得在标本签上鉴定出该标本的正确学名（中文名、拉丁名），以及填好采集地点、采集时间、采集人、定名人、编号等，将填好的标本签贴在台纸右下角，把野外采集记录册复写纸贴在台纸左上角。

7. 保存

按分类系统，将上述做好的腊叶标本，放在标本橱柜内保存，入柜前在柜中放入樟脑丸或定期消毒，以便长期保存。

二、浸制标本的制作

用化学药剂制成的保存液将植物浸泡起来制成的标本叫植物的浸液标本或浸制标本。植物整体和根、茎、叶、花、果实各部分器官均可以制成浸制标本。尤其是植物的花、果实和幼嫩、微小、多肉的植物，经压干后，容易变色、变形，不易观察。制成浸制标本后，可保持原有的形态，这对于教学和科研工作具有重要的意义。

在制作植物的浸制标本时，要选择发育正常、具有代表性的新鲜标本。采集后，先在清水中除去污泥，经过整形，放入保存液中。如标本浮在液面，可用玻璃棒暂时固定，使其下沉，待细胞吸水后，即自然下沉。

浸泡液可分为一般溶液和保色溶液两种。

1. 一般溶液

一般溶液有：5%的福尔马林浸泡液、70%的乙醇、FAA 溶液。其中，FAA 溶液是一种简单的固定液，其配方为：5 ml 福尔马林、90 ml 70%的乙醇和 5 ml 的冰醋酸，此溶液浸泡的材料做切片用。以上单一的浸泡液可以直接浸泡标本，但不能长久地保存，因此一般植物浸泡液包含乙醇和福尔马林两种，其配方为：50 ml 福尔马林 + 300 ml 乙醇 + 2000 ml 蒸馏水。

2. 保色溶液

保色溶液的配方很多，但到目前为止，只有绿色较易保存，其余的颜色都不固定，这里简单地介绍几种保色溶液的配方。

1）绿色标本保存液配方

配方 1：硫酸铜饱和水溶液 75 ml，福尔马林 50 ml，水 200 ml。

配方 2：亚硫酸 1 ml，甘油 3 ml，水 100 ml。

材料放在配方 1 中浸泡 10～20 天，取出洗净后，再浸入 4%的福尔马林中长期保存。配方 2 的用法是：将材料浸泡在饱和硫酸铜溶液中 1～3 天，取出洗净后放入 0.5%亚硫酸中 1～3 天，最后在配方 2 中长期保存。

2）黄色标本保存液配方

6%亚硫酸 268 ml，80%～90%乙醇 568 ml，水 450 ml。

将材料直接浸泡在此混合液中便可长期保存。

3）黄绿色标本保存液配方

20%的乙醇浸泡目标材料 4～5 天至其出现斑点后，加 15%亚硫酸浸泡 1 天，取出洗净，再浸入 20%的乙醇使其硬化漂白直至斑点消失，再加入 2%～3%的亚硫酸和 2%的甘油，即可长期保存。

4）红色标本保存液配方

配方 1：福尔马林 4 ml，硼酸 3 g，水 400 ml；

配方 2：福尔马林 15 ml，甘油 25 ml，水 1000 ml；

配方 3：亚硫酸 3 ml，冰醋酸 1 ml，甘油 3 ml，水 100 ml，氯化钠 50 g；

配方 4：硼酸 30 g，乙醇 132 ml，福尔马林 20 ml，水 1360 ml。

用法：将目标材料放在配方 1 中浸泡 24 小时，如不发生浑浊现象，即可放在配方 2、3、4 中长期保存。

以上无论哪种配方，其浸泡液用量不可过满，以能覆盖原材料为准，浸泡后需用凡士林、桃胶或聚氯乙烯等黏合剂封口，以防止浸泡液蒸发变干。

三、其他类型标本的制作

1. 叶脉标本的制作

生活中常见的树叶书签其实是叶脉标本，叶脉标本的制作方法如下：

（1）选材叶片：选取叶形美观、叶脉网状较密、质地较硬、健康无斑点的成年叶片，洗净备用；

（2）配制蒸煮液：烧杯中加 5 g 氢氧化钠，1000 ml 水，加热溶解；

（3）除去叶肉：用铁夹夹住叶柄，将叶片投入蒸煮液中蒸煮，浸煮叶片的时间和火候根据叶片的质地和大小而定，一般为十几分钟后取出放在清水盘里，用棕毛刷轻轻拍打看看叶肉的脱落情况，若易脱落马上停火，否则继续蒸煮。

（4）着色处理：染色前先用 10%～15%的双氧水浸泡 2 小时对叶片漂白，然后放到清水中清洗，取出用吸水纸吸干残余水分，将其平放于玻璃板上，调好染料进行着色。

2. 立体标本的制作

在短时间内让植物快速脱水并保持新鲜时的立体状态，置于标本瓶内，为立体标本。

一般采用硅胶包埋的方法进行快速脱水，在真空干燥器中将新鲜的植物标本用硅胶进行包埋，包埋时不断进行整形，尽量保持原样。为保持新鲜颜色，可喷洒 5%的石蜡甘油溶液进行保色。干燥后，取出置于标本瓶内保存，为长期保持干燥，可在瓶内放置硅胶吸水并密封瓶口。为防蛀还可在瓶内放置樟脑丸。

第三节 植物标本的保存

一、腊叶标本的保存

凡经台纸和装入纸袋的标本，经正式定名后，都应放进标本柜中保存，同时，注意防虫、防潮。

1. 标本的排列

（1）植物标本排列顺序可按恩格勒系统、哈钦松系统等，整理和查找均比较方便。

（2）按地区排列。把同一地区采集来的标本放一起，这样对某一地区的植物研究时比较方便。

（3）按拉丁字母的顺序排列。即科、属、种的顺序全按拉丁文的字母顺序排列；也可采用中文汉字笔画的方式来排序，但这种方式只适用于标本量少的情况。

2. 标本的防虫

入柜的压制标本是重要的资料，要永久性地保存好。标本保存的原则是安全、方便使用，因此标本入柜前可再次进行整体消毒。一般采用等量二氧化碳和四氯化碳放在容器中，混合后产生气体挥发，消毒时药剂和标本要一起密闭中，缝隙处贴上纸条，隔 3～5 天便可开启，达到消毒目的。

也可请专业消毒队采用溴甲烷熏蒸消毒，可以杀死成虫、幼虫和虫卵。

平时可以经常往标本柜里放一些樟脑精块或樟脑丸等防虫药物。

3. 标本的防霉、消尘

经常开启吸湿机保持室内干燥，防止标本发霉。只采光不通风，室内温度常年控制在 23℃，湿度保持在 75%左右。

二、浸制标本的保存

浸制标本保存的重点应是浸液和封装两方面。浸制标本要经常注意容器内的标本浸液是否短缺或浑浊变质，如有短缺或浑浊变质，需及时查明原因，究竟是塞盖损裂还是封装不严，然后添换标本浸液，换去已损裂的塞盖或重新严密封口。

装在一般玻璃瓶内的浸制标本，瓶塞多是软木或橡胶制品，接触时间一久，塞头就会老化变质而污染浸液和标本，因此，浸液不应装得太满，要与瓶塞隔开适当距离。例如，存放在指形管的小型标本，其浸液只装到管内容量的 2/3 即可。

刚制作成的浸制标本可能还有一些色素和杂质析出，会使保存液变色、变浊。因此，要在标本制好后的两周内，及时封口。封口可用石蜡法、凡士林、透明胶带等方法。封口时先把瓶口和瓶塞擦干，略加预热，再把瓶塞浸入熔化的石蜡，瓶口也刷些热石蜡，然后趁热塞紧瓶塞，并在封口处用热石蜡补封一次，涂平涂匀，封口即告结束。为了复查瓶口是否封严，可将瓶体稍作倾斜，如在封口处发现有浸液外溢，即表示封口不严，应立即查明原因，采取补救措施。封口之后，要在适当位置贴好标签，为防止污损标签，在其外面涂上少许乳胶或粘贴宽度适当的透明胶带。

浸制标本制作完成后要放在阴凉避光处保存，最好是存放在橱柜里，平时要关好柜门。及时更换保存液。随时检查保存液，及时补充。最好每年更换一次，更换时，用细胶管虹吸出保存液，再沿瓶壁徐徐注入新鲜保存液，避免标本震动。

第四章　植物种群和群落学调查方法

种群是指在同一时期内占有一定空间的同种生物个体的集合。它占据着特定空间，同时又具有潜在杂交能力。群落是指在一定时间内，居住于一定区域或生境内的各种生物种群的集合，是一个比种群更复杂更高一级的生命组织层次。群落因其组成成分中生物类别不同而有不同名称。相邻的植物群落之间的界线有时虽不十分明显，但在种类组成、个体特点等方面表现出明显的差异。植物群落的基本特征是植物与植物之间、植物与环境之间的相互关系，主要表现在一定的种类成分、群落外貌、垂直结构和水平结构等几个方面。植物种群和群落的调查一般包括：组成群落的植物种类数目、种的多度和密度、盖度、体积和质量、频度、优势度、群落生活型组成、垂直结构和水平结构等。调查这些特征，植物种群和群落调查使用的方法类似，因此通常一起进行。

第一节　调 查 方 法

植物群落调查方法分为普查、样地调查和无样地调查。普查即对调查的植被进行全面调查。由于植物的数量和种类繁多，受人力、物力和时间的限制。一般很少使用普查方法，但为了提高调查精度，有时伐区调查设计采用全林每木调查（乔木普查）。样地调查具有成本低、效率高、获得信息量较高等特点，是植物调查普遍采用的一种调查方法。无样地调查法在欧美等国应用较为普遍，但我国应用较少。

例如，珍惜保护野生植物资源的调查方法如下：首先通过踏查确定目标种的分布范围并在不小于 1∶50 000 的地形图上勾绘，以确定分布面积。根据目的物种分布的密度、群落类型、生境等确定调查方法。一般，以典型抽样方法为主，选取目的物种所处植物群落的代表性地段设置主样方；样方面积为 20 m×20 m（乔木）、5 m×5 m（灌木）、1 m×1 m（草木），在每个主样方的 4 个角上沿对角线方向间隔 20 m（乔木）、5 m（灌木）、2 m（草本）处各设置 1 个等面积的副样方；根据目的物种在副样方内出现的个数，校正目的物种分布的均匀程度。最后根据野外勾绘的分布面积图测算出目的物种的分布面积，再据样方调查数据计算密度和单位蓄积量，推算出总株数量和总蓄积量。

一、样地调查方法

样地（样方）（sample plot/quadrat）调查方法是依据一定的样地设置方式，在需要研究的群落中确定一定面积的若干数量的样地作为整个调查区域的代表，然后对各个样地进行详细调查，以样地调查结果估算群落总体。为了使样地调查方法研究的结果能够客观反映群落的特征，应采用抽样调查方法并根据实际研究问题确定合适的样地形状、大小、数量和空间配置等。抽样（sampling）调查方法是指采用科学的方法，从所研究的总体抽取一定数量的个体构成样本，通过对样本的调查研究，进而对总体做出推断的方法。抽样调查方法具有节省人力、物力、财力和时间的特点，但存在一定的抽样误差。根据抽样基本原理的不同，抽样调查可分为随机抽样（random sampling）、系统抽样（systematic sampling）和典型抽样（typical sampling）。

1. 随机抽样

随机抽样又可以分为简单随机抽样（simple random sampling）、分层随机抽样（stratified random sampling）、整群抽样（cluster sampling）和双重抽样（double sampling）。在具体进行野外调查时，可根据研究目的和研究对象的特点选择不同的取样方法。植物群落调查主要采用分层随机抽样、整群抽样和双重抽样相结合的综合调查方法。

简单随机抽样是指采用随机的方法直接从总体中抽选若干个抽样单位构成样本。抽取方法是将总体内所有抽样单位全部编号，采用随机方法确定被抽单位编号，这些编号所对应的抽样单位抽出来放在一起就构成一个随机样本。随机抽样可用随机数发生器、查随机数字表或其他方法进行。简单随机抽样具有抽样简单，常用，被抽总体内每一个体被抽取的机会完全相等的特点，适用个体间差异较小，所需抽取的样本单位数较小，但具有某种趋向或差异明显和点片式差异的总体不宜使用简单随机抽样。

分层随机抽样是一种混合抽样，将总体按变异原因或程度划分成若干区层，然后再用简单随机抽样方法，从各层按一定的抽样分数（即一个样本所包括抽样单位数与其总体包括的抽样单位数的比值）抽选抽样单位。根据调查对象的差异程度，各区层应抽取的单位数可采取相等配置、比例配置和最优配置等方法。若各区层的抽样单位数相等，即可采用相等配置；若各区层抽样单位数不相等，可按相同的抽样分数，将欲抽取的抽样单位总数分配到各区层，即为比例配置；若根据各区层的抽样单位数，抽样误差和抽样费用，确定各区层应抽取的抽样单位，即为最优配置。当抽样费用一定时，最优配置方法可使抽样误差最小。若总体内各抽样单位间的差异比较明显时，采用分层抽样具有提高抽样精度，降低抽样误差，且能够运用统计方法来估算抽样误差等特点。

整群抽样是将总体分成若干群，以群为单位，进行随机抽样，对抽到的样本作全面调查。该方法减少了抽样单位的编号数，工作方便，与简单随机抽样相比较，能提供较为准确的总体估计值。若各群抽取单位相等，整群抽样也能提供总体平均数的无偏估计。

双重抽样是先从总体中抽取一个比较大的样本，成为第一重样本，再从第一重样本中随机抽取第二重样本的抽样方法。通常，对第一重样本的调查，主要是获取有关总体的辅助信息，为下一步的第二重抽样估计提供条件，对第二重样本进行的调查才是最主要的调查。在一项多指标的调查中，若需要对个体指标差异大的或要求精度高的调查一个大样本，对个体指标差异小的或要求精度较低的调查一个小样本，就可以采用二重抽样。

2. 系统抽样

系统抽样也称为顺序抽样或机械抽样。系统抽样是按某种既定顺序从有限总体中抽取一定数量的个体构成样本。顺序抽样具有使用简便、不受人为因素影响、取样个体在总体内分布较均匀等特点，因而该方法常常比简单随机抽样法能得到较准确的结果。若总体内存在周期性变异，可能会得到一个偏差很大的样本，系统误差会较大。该方法不能计算抽样误差，估计总统平均数的置信区间，但如果系统抽样的第一个点采用随机方法确定，也可以计算抽样误差。

3. 典型抽样

典型抽样是根据初步资料或调查者的经验判断，有意识、有目的地选取具有代表性的样本（典型群体）进行调查，以估计整个总体的方法。该方法完全依赖于调查工作者的经验和技能，结果很不稳定，但选择合适，可得到可靠的结果。该方法的优点是取样简便迅速、节省人力、物力，但没有运用随机原理，因而无法估计抽样误差。典型抽样适用于大规模社会经济调查，或从容量很大的总体中抽取较小数量的样本。

二、样地面积的确定（最小取样面积）

最小取样面积就是在最小地段内，对一个特定群落类型能提供足够的环境空间（环境生物的特性），或者能保证展现出该群落类型的种类组成和结构的真实特征所需要的面积，即能够包含组成植物群落的大多数种类所需要的最小空间。样地（样方）大小的确定，应考虑植被种类组成、群落的类型、分布等，一般样地的总面积应至少大于群落最小取样面积。如果抽样面积太大，会花费很大的财力、人力与时间；如果抽样面积太小，则不可能完全反映组成群落的物种情况。植物群落调查的最小取样面积通常由种-面积曲线（SAC）或重要值-面积曲线（IVAC）来确定。

最小取样面积通常采用巢式取样方法来确定（图 4-1），具体做法为：在群落中选择具有代表性的地方，设立一块较小面积的样方（草本、灌木和森林群落分别采用 1 m×1 m、2 m×2 m 和 5 m×5 m 或稍大），记录这一面积中所有的植物种类；然后，按照一定顺序成倍扩大边长以增大调查面积，每扩大一次，就记录新增加的种类。开始植物种类数随面积的扩大而迅速增加；但继续扩大面积，新增加的植物种类逐渐减少；最后，面积再扩大，植物种类却增加很少。以样方面积为横坐标，植物种类数为纵坐标，按照面积扩大值和植物种类数二者的比例关系，可绘出种-面积曲线（图 4-2）。曲线开始陡峭上升，之后趋于平缓，最终趋于一条水平的渐近线，曲线变化开始趋缓的一点所对应的面积即为群落取样的最小面积，也可以将 85%的种出现的面积作为群落取样的最小面积。通常，组成群落的种类越丰富，其最小取样面积越大，例如：我国云南西双版纳的热带雨林为 2500～4000 m^2，南亚热带常绿阔叶林为 1200 m^2，中亚热带常绿阔叶林为 400～600 m^2，常绿针叶林为 100～250 m^2，北方针叶林为 400 m^2，落叶阔叶林为 100 m^2，草原灌丛为 25～100 m^2，草原为 1～4 m^2。

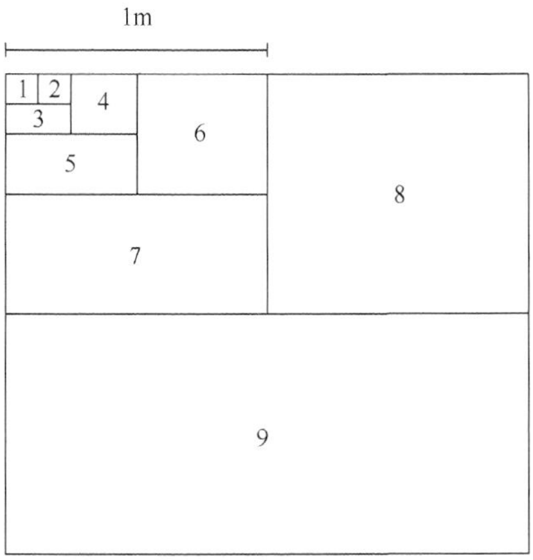

图 4-1 巢式取样示意图

数值表示取样顺序

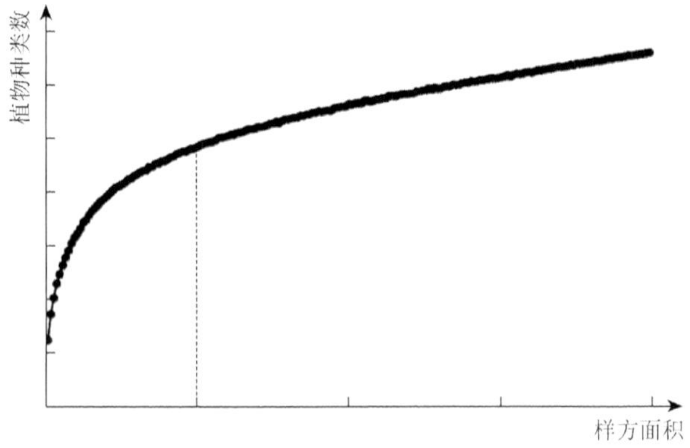

图 4-2　种-面积曲线

三、样地形状

样地形状通常采用方形，又称为样方。此外，根据实际调查需要，也可采用长方形样地、带状样地、圆形样地等。理论上来说，圆形样地是理想的样地形状，因为圆形样地的周长与面积比最小，因而受边际影响的误差最小，但实际操作困难，森林和灌丛调查很难采用。长方形样地收到的边际影响大于正方形样地，但研究表明长方形样地比面积相同的正方形样地可以包括群落中更多的变异，因此能更好地进行植被组成的分析。如果调查区沿环境梯度方向变异程度较大时，采用样带调查效果较理想，样带设置要使长边方向与环境梯度的方向平行，这样能很好地反映环境梯度变化对群落特征的影响。

四、样方数量

理论上讲，样方的数量“越多越好”，但样方太多，费时费工；样方太少，可能代表性较差，会导致错误的研究结果，一般需要客观的标准来确定取样的数目。样方数量的多少与调查的对象、群落结构的复杂程度和样方面积大小等有关。进行群落结构组成调查时，若最小取样面积已知时，样方数量应至少大于最小取样面积与单位样方面积的比值。当最小取样面积未知时，可根据类比的方法确定样地数量，或按照调查区总面积的 0.5%～5%作为最小取样面积，然后根据单位样方面积计算出样方数量。以内蒙古草原的研究为例，对于种类组成和地上部分生物量等数量指标的调查，6 个 0.5 m^2（0.5 m×1 m）的样方或 4～5 个 1 m^2（1 m×1 m）的样方均可获得满意的结果。若将一个样地作为一个调查单位进行统计分析时，如种数分布格局的调查，根据统计检验理论，多于 30 个样地才构成为大样本，调查数据才比较可靠。为了节省人力与时间，根据调查群落实际情况，在总样地面积不变的情况下，可缩小样地单位面积以增加样方数量，满足统计学原理的要求。以东北林区林木空间格局调查为例，不同样地面积对应的合理样地数量分别为：42 个（10 m×10 m），23 个（15 m×15 m），12 个（20 m×20 m），9 个（25 m×25 m），4 个（30 m×30 m）；当考虑调查时间和成本时，空间结构调查较适合的样方调查面积为 30 m×30 m，样方数量为 4 个。

野生植物资源调查时，要在同一植物群落中，不同高度不同坡向选择典型地段设置若干个样方，灌木丛 50 m^2，草本 5 m^2。样线（样带）法调查时，样线长度一般不短于 50 m，样线数目不少于 5～10 条（样线宽 1 m），要在不同高度不同坡向设立样线。

五、样地配置方法

样地配置方法与抽样调查方法、群落复杂程度调查范围的大小等有关。样地配置方法有随机布置方法、机械布置方法、典型布置方法等。一般性调查，若调查面积及范围很大时，可采用典型抽样方法调查，样地配置采用典型布置方法，样地设置在调查者认为具有代表性的位置即可。样地位置是不确定的，是根据调查者的经验和知识进行主观判断来确定的，因此该方法具有一定的随意性，布置位置随群落性质、结构状况而定，是一种方便、有效的样地配置方法。当群落复杂程度较小、分布呈均质性时，可考虑随机抽样布点。随机布点的方法是先在调查区所在的地形图上画出方形网格线，网格线的交叉点作为随机布点的位置；对交叉点进行编号，并用随机抽样原理抽取一定数量的交叉点，被抽到的交叉点即为样地设置的位置；根据明显地标物所在的位置，量取交叉点的方位角及距离；最后按照图上确定的交叉点的方位和距离，在调查现场找到样地的位置。该方法配置样地具有很好的代表性，但定位样地实际位置时往往会存在一定的困难，增加很多调查工作量。采用分层抽样方法进行调查时，可在各个区层内采用机械布点的方法。该种配置方法是按照一定的间距设置样线（如 50 m、100 m 或更大），沿样线前进的方向，每隔一定距离设置一个样方；机械布置方法也可采用等间距的网格交叉线布置方法。除样地配置方法外，应注意样地配置的一般原则：①随机配置方法要确保物种的分布呈均匀性；②样地的配置应充分代表群落及环境的变异特征；③样地尽可能布置在群落的中心部位，避免设置在过渡地段、林缘和人类活动干扰影响较大的地段。

六、无样地调查法

无样地取样（plotless sampling）主要用于森林群落的研究，一般用于测定树种的密度，但在样树选定之后，也可得到优势度、频度、重要值等数据。无样地取样主要是测两株树之间的平均距离，由距离可以得到每棵树所占的平均面积，因而换算出密度值。与样方取样相比，无样地取样的最大优点是操作简便，尤其在地形复杂、环境多变的地区，可以大大提高工作效率。但是，无样地取样主要适用于随机分布的个体，否则会影响调查的精度，如个体呈集群分布或丛状分布时，该方法会低估个体数量，均匀分布会高估个体数量。无样地取样主要包括最近个体法、最近邻法、随机对法、点四分法。

（1）最近个体法（closest individual method）：测定距每一随机点最近的一株树木，以及与样点之间的距离。

（2）最近邻法（nearest neighbor method）：先确定离样点最近的一株树木，然后再确定与该株树木距离最近的随机出现的另一株树木，并测量两株树木之间的距离。

（3）随机对法（random pairs method）：在每一样点上划分界线，使该分界线与最近个体和随机样点间的连线垂直。距离定义为最近个体与位于分界线另一侧最近一株树木之间的距离。

（4）点四分法（point-centered quarter method）：测定每个随机样点距四个象限中最近一株树木，以及它们与样点之间的距离。点四分法被认为是较理想的方法，在每个样点可测得 4 个距离，这样总的取样点数可以减少，比较省时。

例如，在一片森林地上设若干定距垂直线（借助地质罗盘用测绳拉好）。在此垂直线上定距（比如 15 m 或 30 m）设点。各点再设短平行线形成 4 个象限。在各象限范围测 1 株距离中心点最近的，胸径大于 11.5 cm 的乔木，要记下此树的植物学名，量其胸径和圆周，用皮尺测量此树到中心点的距离。同时在此象限内再测 1 株距中心点最近的幼树（胸径 2.5～11.5 cm），同样量胸径和圆周，量此幼树到中心点的距离。有时不测幼树，每个中心点都要作 4 个象限，在中心点（或其附近）选作 1 个 1 m^2 或 4 m^2 的小样方，记录小样方内灌木、草本及幼苗的种名、数量及高度。

在我国亚热带常绿阔叶林及其次生林中采用这个方法，20 个中心点的数据中可以与 2 个 500 m^2 样方的精确度相当。该方法也可用于草地群落，只是相关的距离要根据实际情况进行调整。

第二节　样地的建立与调查

一、选择样地的基本原则

（1）全面踏实所调查的林分，根据林分的特点，选出具有代表性的典型样地；

（2）样地不能跨越河流、道路且应远离林缘（至少应远离林缘一倍林分平均高的距离）。

二、样地周界的测量

用罗盘仪测角，用皮尺或测绳量距离。当林地坡度大于5°以上时，应将理论上的水平距改算为斜距。为了保证样地的调查精度，样地周界测量的闭合差不得超过1/200。测量样方的方法通常是将罗盘（手持罗盘）设置在样方的中心点，然后用罗盘测量样方的十字交叉的对角线方向（通常采用东西和南北方向），并用测绳或皮尺从中心点沿罗盘指定的对角线方向量取对角线一半的距离（根据样方计算出对角线半长），即为样方的一个顶点，依次测出样方东西和南北方向的4个顶点，最后用测绳依次将4个顶点连接起来便构成样方的边线。为了方便样地调查，一般用皮尺或测绳将样地的周线和对角线围上，然后依次分块进行每木调查和其他因子的调查。

三、每木调查

每木调查就是将样地内的全部树木（从一定的起始径阶开始），逐一测量各树种的胸径和树高等测树学因子。

每木调查的步骤如下：

1. 确定起测径阶

起测径阶一般以林分平均直径0.4倍的值作为起测径阶的依据。一般调查时，天然过熟林起测径阶为5 cm，中龄林4 cm，人工幼林1 cm或2 cm。

2. 进行每木调查

5人一组，其中1人测胸径，2人测坐标，1人测树高，1人记录并作记号。测胸径时，必须分别对树种、胸径、林层等进行记录。在坡地应沿等高线方向进行，在平地沿S形方向量测。

每木调查应注意的事项：

（1）必须测定距地面1.3 m处直径，在坡地量测坡上1.3 m处直径。

（2）测树钢围尺或轮尺（卡尺）必须与树干垂直且与树干三面紧贴，测定胸径并记录后，再取下围尺或轮尺。

（3）遇干形不规整的树木，应垂直测定两个方向的直径，取其平均值。在1.3 m以下分叉者应视为两株树，分别检尺。

（4）测定位于样地边界上的树木时，本着北要南不要、取东舍西的原则。

（5）凡测过的树木，应用粉笔在树上向前进的方向做出记号，以免重测或漏测。

（6）在固定样地调查时，通常记实际胸径，每木检尺要分别树种，健康木、病腐木或生长级记录，每株树应编号，并在其 1.3 m 处作上记号（如 T），测定精度 0.10 cm。

按照克拉夫特林木分级法，生长级可将林木分为Ⅰ～Ⅴ级。其中，Ⅰ级（优势木）：树高、直径和冠幅生长最高大，伸出一般林冠之上；Ⅱ级（亚优势木）：树高略仅次于Ⅰ级木，树冠发育均匀、大小略次于Ⅰ级木；Ⅲ级（中等木）：生长中等，但树高和直径居于Ⅰ、Ⅱ级之下，树冠较窄，位于林冠中层，树干圆满度好于Ⅰ、Ⅱ级木；Ⅳ级（被压木）：高径生长落后，树冠受压挤，通常为小径木；Ⅴ级（濒死木）：生长极落后，完全处林冠之下，树枝稀疏或枯萎。应用克拉夫特生长分级对林分进行分级，主林冠层主要是由Ⅰ、Ⅱ、Ⅲ级木组成的，Ⅳ、Ⅴ级木组成从属林冠层。随着林分的发育，林分分化和自然稀疏的过程主要淘汰的是Ⅳ、Ⅴ级木，而主林冠层的林木株数也逐渐减少。一些原来属于高生长级的立木逐渐下落到低生长级。

四、测量树高、坐标、胸径、冠幅/冠径/丛径、年龄和郁闭度

1. 树高的测量

树高指一棵树从平地到树梢的自然高度（弯曲的树干不能沿曲线测量）。通常在做样方的时候，先用简易的测高仪（例如魏氏测高仪）实测群落中的一株标准树木，其他各树则估测。估测时均与此标准相比较。

目测树高的两种简易的方法，可任选一种。其一为积累法，即树下站一人，举手为 2 m，然后 2、4、6、8，往上积累至树梢；其二为分割法，即测者站在距树远处，把树分割成 1/2、1/4、1/8、1/16，如果分割至 1/16 处为 1.5 m，则 1.5 m×16 = 24 m，即为此树高度。

2. 坐标的测量

以样地或样方一角为坐标原点，某一方向（如东西）为 X 轴、某一方向（南北）为 Y 轴，然后用皮尺测量植物个体的坐标位置（以距离坐标轴的距离表示）。

3. 胸径的测量

胸径指树木的胸高直径（DBH）大约指距地面 1.3 m 处的树干直径。严格的

测量要用特别的轮尺（即大卡尺），在树干上交叉测两个数，取其平均值，因为树干有圆有扁，对于扁形的树干尤其要测两个数。在植物群落学调查中，一般采用钢卷尺测量即可，如果碰到扁树干，测后估一个平均数就可以了，但必须要株株实地测量，不能仅在远处望一望，随意估计一个数值。

如果碰到一株从根边萌发的大树，一个基干有 3 个萌干，则必须测量三个胸径，在记录时用括弧划在一个植株上。

在乔木层调查中，一般不必测量胸径 2.5 cm 以下的小乔木，而应在灌木层中调查。

4. 冠幅/冠径/丛径的测量

冠幅指树冠的幅度，专用于乔木调查时树木的测量，严格测量时要用皮尺，先通过树干在树下量树冠投影的长度，然后在树下量树冠投影的宽度。例如长度为 4 m，宽度为 2 m，则记录此株树的冠幅为 4 m×2 m。

然而在植物群落学调查中多用目测估计，估测时必须在树冠下来回走动，用手臂或脚步辅助测量。特别是那些树冠垂直的树，更要小心估测。

冠径和丛径均用于灌木层和草本层的调查，因为调查的样方面积不大，所以进行起来不会太困难。测量冠径和丛径的目的在于对此群落中的各种灌木和草本植物的固化面积。冠径指植冠的直径，用于不成丛的单株散生的植物种类，测量时以植物种为单位，选测一个平均大小（即中等大小）的植冠直径，如同测胸径一样，记一个数字即可，然后再选一株植冠最大和植株测量直径记下数字。丛径指植物成丛生长的植冠直径，在矮小灌木和草本植物中各种丛生的情况较常见，故可以丛为单位测量共同种各丛的一般丛径和最大丛径。

5. 树木年龄的测定

用查数伐根上的年轮数，或用生长锥等其他方法确定接近平均直径树木的年龄。

6. 郁闭度的测定

①样线法：样地的两对角线上树冠覆盖的总长度与两对角线的总长之比，作为郁闭度（crown/canopy density）的估测值。

②样点法：在样地内机械设置 100 个样点，在各点上确定是否被树冠覆盖，总计被覆盖的点数，并计算其频率，将此频率作为郁闭度的近似值。

③树冠投影法：用树冠投影面积与样地面积之比作为郁闭度。树冠投影面积需在方格纸上绘制样地树冠投影图，并从图上求出树冠投影面积。

第三节　种群和群落特征的测定

根据样地调查数据，可以对种群和群落特征进行计算和分析，通常包括密度、频度、多度、显著度、重要值、物种多样性指数等数量指标。这些数量指标用于研究不同物种之间的数量关系，从多个方面综合评价不同物种在群落中相对作用的大小。种类组成的数量分析是近代群落分析技术的基础。

一、个体数量指标：多度与密度

多度（abundance，*A*）是指群落内每种植物的个体数量。植物的个体数量越多，多度越大。多度是样方内每种植物的实测株数，它可以是单株个体的数目，也可以是根状植物的地上枝条数或丛生植物的丛数等。计数时一般以植物的根部是否位于样方内为标准。多度指标调查的优点是快捷，不受样地大小限制，宜用于一般性植被的目测，但是该方法主观性很强，对于同一调查对象，不同的调查者由于经验不同所估计的多度等级可能相差较大。若进行一定面积内的计数，多度实际上就是密度了。目测估计法一般在植物个体数量大而体形小的群落如灌木、草本群落或在踏查中采用。野外调查时，通常采用预先确定的数量等级对植物群落的多度进行估测，从而估计出单位面积上植物个体的相对数量，为方便起见，记录时均使用代码。

密度（density，*D*）是指单位面积上个体的数目，通常表示为株（丛）/hm^2。乔木、灌木和草本一般以植株或株丛计数，根茎植物以地上枝条计数。在对各种植物的密度进行对比分析时，还需要将密度细分为绝对密度和相对密度。绝对密度是指单位面积或单位空间内种群大小的绝对数量；而相对密度是指单位面积或单位空间内种群大小的相对数量，用百分比或小数表示。种群密度部分地决定着种群的能流、种群内部生理压力的大小、种群的散布、种群的生产力及资源的可利用性，是一项非常重要的数量指标。密度和相对密度的公式分别为

密度(株/hm^2) = 样地中一个种(所有种)株数×10000/样地面积(m^2)

相对密度(%) = 一个种的密度/所有种的总密度×100%

二、空间利用指标：盖度与高度

盖度（coverage，*C*）是指植物地上部分垂直投影的面积占地面面积的比率，这是一个重要的数量指标，它反映了植物（个体、种群、群落）在地面上生存的空间，也反映了植物利用环境及影响环境的程度。盖度又可分为投影盖度和基盖

度两种。投影盖度（C_c，简称盖度）是指植物地上部分垂直投影面积占样地面积的百分比。基盖度（C_b）是植物基部的覆盖面积，多用于乔木种群，以胸高断面积与样地面积的比来表示。投影盖度又可分为种盖度（分盖度）、层盖度和总盖度（群落盖度）。投影盖度和基盖度的公式分别为

$$C_c(\%) = C_i \times 100/S \quad C_b(\%) = S_b \times 100/S$$

其中，C_i 为样地内某种植物冠层投影面积之和（m^2）；S 为样地水平面积（m^2）；S_b 为样地内某树种胸高断面积之和（m^2）。

森林群落中的总盖度常用郁闭度代替投影盖度，作为森林疏密度的标志，而草本和灌木则用投影盖度来表示。在精确表示中，有时用叶面积指数（LAI）表示植物叶片的总表面面积。测定草本群落的投影盖度，通常利用 1 m^2 的样方框，内用绳线分成 100 个 1 dm^2 的小格。测量时将样方框放置在选定的草地上，计数植物枝叶所占格数，直接算出个体、种、层或全部植物的盖度。

投影盖度是群落结构的一个重要指标，因为它不仅标志植物所占有的水平空间面积和在一定程度上反映了植物同化面积的大小，也表明了植物之间的相互关系。特别是处于主要层的植物种类，其盖度大小决定了群落内植物环境的形成和特点，并影响次要层植物的种类、个体数量和生长情况。投影盖度常用目测估计法来确定，通常采用 Braun-Blanquet 盖度等级表示，如：盖度＜5%，为 1 级；5%≤盖度＜25%，为 2 级；25%≤盖度＜50%，为 3 级；50%≤盖度＜70%。为 4 级；75%≤盖度＜100%，为 5 级。

高度（height，H）是指植物在自然状态下，其最高部分距地面的距离，以 m 表示。高度通常分为最大高度、优势高和平均高。高度测量可采用仪器测量，也可以估测。植物的植株高度因种的生活型及其生长环境差异而不同。种群高度应以该种植物成熟个体的平均高度表示，其公式为

$$H = \sum H_i / N$$

其中，$\sum H_i$ 为样地某种成熟植物的高度之和，N 为该调查植物成熟个体的株数。

三、物质生产和积累指标：生物量与体积

生物量是指单位空间中植物地上部分（或地下部分）的干重或鲜重，以 kg 或 g 表示。生物量是最能反映物种在群落中功能作用的一个数量指标，因为一个种的资源利用能力、竞争能力和优势程度等最终都表现在它对群落有机物质的占有上。草生态研究中，质量指标应用较多，通常采用直接收割称量的方法测得。

体积是植物个体所占有的空间容积。森林调查研究中，体积通常用林木的单株材积来表示，森林的总体积用森林蓄积量来表示。林木材积的测定比较困难，

一般根据一元立木材积表进行估算。一元立木材积表是对不同树种进行大量树干解析，进而建立其胸径与材积的相关模型而编制的。

四、水平分布指标：频度

频度（frequency，*F*）是指群落中某种植物出现的样方的频率，以某种植物在全部调查样方中出现的百分率来表示，其公式为

频度(%) = 某植物出现的样方数/全部样方×100%

频度是表示某种植在群落中分布是否均匀的一项指标，是种群结构分析特征之一。植物种在群落中的频度与密度、样方大小和分布格局等均有一定关系。频度大的种，其密度不见得一定大，反之亦然。因此，在测定频度时必须注意样方大小，一般应取较小和较多的样方，结果才比较真实可靠。例如，在研究森林群落时，如果群落调查的样方为 10 m×10 m，则调查频度的小样方应在 5 m×5 m 之内。

五、综合指标：重要值与总和优势比

重要值（importance value，IV）是评价某一种植物在群落中作用的综合性数量指标。该指标是 1951 年美国学者柯蒂斯（Curtis）和麦金托什（McIntosh）在研究森林群落时首先使用的，计算公式为：重要值（IV）＝相对密度（RD）＋相对频度（RF）＋相对显著度（RP）。计算相对密度、相对频度、相对显著度公式如下：

第 *i* 种植物的相对密度（%）＝第 *i* 种植物的密度/所有植物的密度和×100%

第 *i* 种植物的相对频度（%）＝第 *i* 种植物的频度/所有植物的频度和×100%

第 *i* 种植物的相对显著度(%)＝第 *i* 种植物的显著度/所有植物的显著度和×100%

其中乔木层植物种的显著度用林木基盖度(即胸高断面积与样地面积的比)表示，灌木层植物种的显著度用其植物冠层投影盖度表示，草本层植物种的显著度用其高度表示。由于群落中任何植物单项相对数量值都不会超过 100%，所以，群落中任何一个种的重要值都不会超过 300%。因此，有人也将上述重要值计算结果再除以 3 或 300。重要值的大小能反映出种优势度的大小，重要值越大的种作用越大，其地位越重要，因此该项指标现已广泛用于森林和草原群落的调查中。

总和优势比（summed dominance ratio，SDR）也是评价某一物种在群落中相对作用的综合性数量指标。该项指标是 1957 年由日本学者昭田真等提出的一种综合数量指标，主要用于草本植物和灌木。该指标的计算公式为：在密度比、盖度

比、频度比、高度比和质量比五项指标中任取几项求其平均值再乘以100%。任意数量测度比值的计算方法是：某植物种的某一测度除以群落中的最大该数量测度，如：

密度比 = 某物种的密度/群落中密度最大种的密度

其他测度比雷同。

第四节　调查数据处理的常规方法

一、数据最基本处理过程

（一）数据的分布

生态学中研究经过获得的数据是很多的，未加整理的数据很难进行分析。通过对调查或观察得到的数据进行整理分析后，就可以看到资料的集中程度和分布状况。

1. 频数分布表

表 4-1 是不同生态条件下某植物生长高度的分布状况。通过归类表示后，可以比较清楚地反映两种不同生态条件下植物高度的差异性。

表 4-1　不同生态条件下某种植物高度的频数分布表

高度范围/cm	植物数量/株	
	生态条件 1	生态条件 2
20～25	6	4
25～30	11	8
30～35	26	19
35～40	18	21
40～45	8	5
45～50	4	3

2. 频数分布图

频数分布图可以更形象地反映频数的分布状况。常使用的图形有：柱形图（如图 4-3），折线图（如图 4-4），条形图（如图 4-5）等。这些图形可以在 Office 办公套件中的 Excel 软件中绘出。

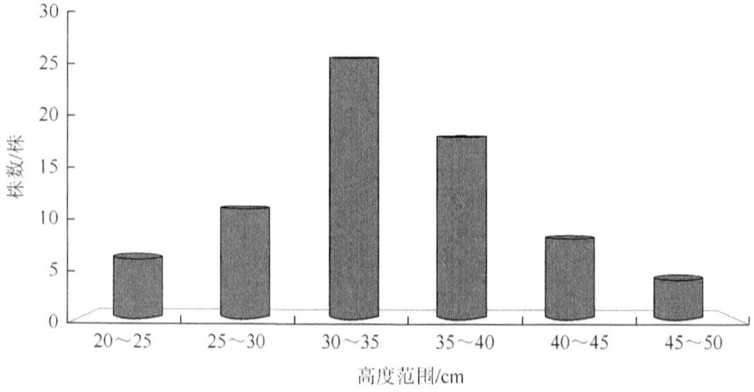

图 4-3　植物高度分布的柱形图

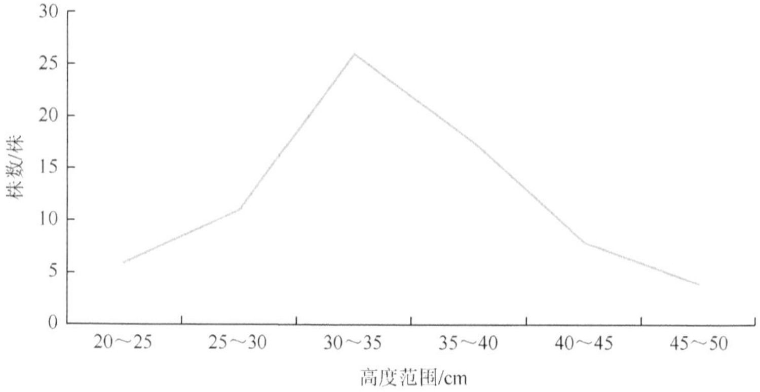

图 4-4　植株高度分布的折线图

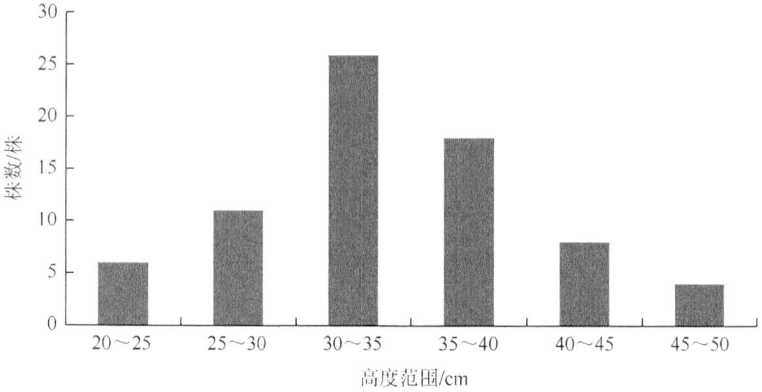

图 4-5　植株高度分布的条形图

3. 平均数

平均数是数据分析中最常使用的结果表示方法。它是数据的代表值，表示实验数据的中心位置，往往作为资料的代表与另一组同类资料进行比较。

平均数的种类比较多，如算术平均数、中数、众数和几何平均数。由于算术平均数是最常用的平均数，这里只介绍算术平均数的计算方法。

一组数据资料中各个数据的总和除以数据的个数所得的商数，成为算术平均数。一般记为$\bar{x}$。算术平均数的计算方法有两种。

1）直接计算

将所有的观测值 $x_1, x_2, x_3, \cdots, x_n$ 直接相加再除以观测值的个数 n，写公式为

$$\bar{x} = \frac{x_1 + x_2 + x_3 + \cdots + x_n}{n} = \frac{\sum_{i=1}^{n} x_i}{n}$$

2）加权法

当观测值中相同值的个数较多时，可将观测值的个数，即频数 f，乘以该观测值，以替代相同观测值逐个相加。计算公式为

$$\bar{x} = \frac{f_1x_1 + f_2x_2 + f_3x_3 + \cdots + f_nx_n}{f_1 + f_2 + f_3 + \cdots + f_n} = \frac{\sum_{i=1}^{n} f_ix_i}{\sum_{i=1}^{n} f_i}$$

4. 方差、标准差、变异系数

算术平均数只能反映同质观察数据组的平均观测值大小，而不能反映总体或样本数据的离散程度。而方差、标准差则可以反映总体或样本数据的离散程度。

1）总体方差、总体标准差

总体观测值中的每个观测值（x）与该组观察值的总体平均数（μ）之差，称为离均差，离均差的平方和的平均数就是总体方差（σ^2）。可用如下公式表示：

$$\sigma^2 = \frac{\sum_{i=1}^{n}(x_i - \mu^2)}{N}$$

总体方差的方根，即为总体标准差（σ）：

$$\sigma = \sqrt{\frac{\sum_{i=1}^{n}(x_i - \mu^2)}{N}}$$

2）样本方差、样本标准差

在实际工作中，我们掌握的是样本资料（n 个），而不是总体资料（N 个），

这样在 μ 未知的情况下，需要用样本平均数 $\bar{x}$ 来估计。此外，由于取样误差，样本平均数 $\bar{x}$ 通常不等于总体平均数 μ。在统计学上，为了无偏估计总体标准差，样本标准差（s）的计算常用如下公式表示：

$$s=\sqrt{\frac{\sum_{i=1}^{n}(x_i-\bar{x})^2}{n-1}}$$

样本方差常用 s^2 表示，其计算公式为

$$s^2=\frac{\sum_{i=1}^{n}(x_i-\bar{x})^2}{n-1}=\frac{\sum_{i=1}^{n}x_i^2\frac{\left(\sum_{i=1}^{n}x_i\right)^2}{n}}{n-1}$$

3）变异系数

变异系数又称为离散系数，用 CV 表示，它是指标准差与样本平均数 $\bar{x}$ 之比的百分数，公式为

$$\text{CV}=\frac{s}{\bar{x}}\times 100\%$$

（二）数据的表示

生态学研究往往是用样本的信息来推断总体的特征，由于抽样误差，样本的平均数并不恰好等于总体平均数，这样由抽样导致的样本平均数与总体平均数之差称为平均数的抽样误差。同时，也由于取样的多少不同，所得样本的平均数之间也不一定相等。样本平均数是否能够反映总体平均数，取决于研究工作对正确性的要求。这个正确性的水平就是检验水平（α）。

检验水平 $\alpha=0.05$ 表示的意思是，用一个样本平均数 $\bar{x}$ 估计未知的总体平均数，理论上有 95%（1–α）的正确水平。这时总体平均数的可信区间为

$$\left(\bar{x}-t_{\alpha,\nu}\frac{s}{\sqrt{n}},\bar{x}+t_{\alpha,\nu}\frac{s}{\sqrt{n}}\right)$$

式中，$\bar{x}$ 为样本平均数，n 为样本数量，ν 为自由度（$\nu=n-1$），$t_{\alpha,\nu}$ 为在检验水平为 α、自由度为 ν 时查 t 值表时得到的 t 值，s 为样本标准差。

在科学研究中，常常是用 $\bar{x}\pm t_{\alpha,\nu}\dfrac{s}{\sqrt{n}}$ 的方式表示数据在 $1-\alpha$ 可信区间的分布范围。有时，为了方便起见，在注明的条件下，也常用 $\bar{x}\pm s$ 形式表示。

（三）数据的检验

1. 样本平均数与总体平均数比较的 t 检验

这种检验主要是推断样本均值 $\bar{x}$ 所代表的未知的总体平均数 μ 与已知的总体平均数 μ_0 是否相等。这时首先计算统计量 t 值：

$$t=\frac{\bar{x}-\mu_0}{s_{\bar{x}}}=\frac{\bar{x}-\mu_0}{s/\sqrt{n}}$$

查阅 t 值表，自由度 $v=n-1$ 时得到 $\alpha=0.05$ 和 $\alpha=0.01$ 显著水平下的 $t_{0.05,v}$ 和 $t_{0.01,v}$ 值，如果 $t_{0.05,v}>t$，一般认为是没有差异；如果 $t_{0.05,v}<t<t_{0.01,v}$，认为有显著差异；如果 $t_{0.01,v}<t$，认为达到极显著差异。

2. 成对数据资料的比较

这类数据组间的比较，首先是计算各对数据之间的差值 d 及其平均数 $\bar{d}$，这样两组成对数据之间的比较就转化成了其差数的平均数 $\bar{d}$ 与 0 之间的比较。首先计算统计量 t 值：

$$t=\frac{\bar{d}}{s_d/\sqrt{n}}$$

$$s_d=\sqrt{\frac{\sum d^2-\left(\sum d\right)^2/n}{n-1}}$$

同样根据查阅 t 值表，自由度 $v=n-1$ 时得到 $\alpha=0.05$ 和 $\alpha=0.01$ 显著水平下的 $t_{0.05,v}$ 和 $t_{0.01,v}$ 值，如果 $t_{0.05,v}>t$，一般认为是没有差异；如果 $t_{0.05,v}<t<t_{0.01,v}$，认为有显著差异；如果 $t_{0.01,v}<t$，认为达到极显著差异。

3. 两样本平均数的比较

原理同上，主要是计算出 t 值，确定好自由度 v，然后查阅 t 表，查阅可信度区间。通过比较实际的置信度区间和要求的置信度区间的差异，判定样本平均数的有无差异性。

若样本 1 的观测数有 n_1 个，样本 2 的观测数有 n_2 个，它们的平均数分别为 $\bar{x}_1$、$\bar{x}_2$，则：

$$t=\frac{\bar{x}_1-\bar{x}_2}{\sqrt{\frac{\sum x_1^2+\sum x_2^2-\left[\left(\sum x_1\right)^2/n_1+\left(\sum x_2\right)^2/n_2\right]}{n_1+n_2-2}\left(\frac{1}{n_1}+\frac{1}{n_2}\right)}}$$

$$\nu = n_1 + n_2 - 2$$

如果 $n_1 = n_2$ 时，上式可以简化为

$$t = \frac{\bar{x}_1 - \bar{x}_2}{\sqrt{\dfrac{\sum x_1^2 + \sum x_2^2 - \left[\left(\sum x_1\right)^2 + \left(\sum x_2\right)^2\right] \Big/ n}{n(n-1)}}}$$

（四）方差分析

以上所涉及的数据检验主要是针对两个样本平均数的检验，对于多个样本平均数的比较，则需要采用方差分析（analysis of variance，ANOVA）。

1. 基本原理

方差分析的基本思想是把全部观测值之间的变异——总变异，按设计和需要分为两个或多个部分进行分析。一般地，将总变异分隔成各个因素的相应变异，作出其数量估计，从而发现各个因素在变异中所占的重要程度；而且除了可控因素所引起的变异后，其剩余变异又可提供试验误差的准确而无偏的估计，作为统计假设测验的依据。

2. 分析过程

1）方差和自由度

设有 k 组样本，每样本皆具 n 个观测值，则共有 nk 个观测值。这些观测值的总变异 s_T^2 由组间变异 s_t^2 和组内变异 s_e^2 构成。它们可以分别按下式计算得到：

$$s_T^2 = \frac{\sum_{i=1}^{k}\sum_{j=1}^{n}(x_{ij} - \bar{x}_{\text{total}})^2}{nk - 1}$$

$$s_t^2 = \frac{\sum_{j=1}^{n}(\bar{x}_j - \bar{x}_{\text{total}})^2}{k - 1}$$

$$s_e^2 = \frac{\sum_{i=1}^{k}\sum_{j=1}^{n}(x_{ij} - \bar{x}_i)^2}{k(n - 1)}$$

这里 $i = 1, 2, 3, \cdots, k$；$j = 1, 2, 3, \cdots, n$；总变异自由度 $nk\text{–}1$；组间自由度：$k\text{–}1$；组内自由度：$k(n\text{–}1)$。

2）F 测验

根据以上方差分析结果，可以得到 F 值：

$$F = \frac{s_t^2}{s_e^2}$$

将计算得到的 F 值与查表得到的 F_α 值（在以上特定的自由度和拟定的显著水平上）进行比较，进行判断。如果 $F > F_\alpha$，则说明组间变异量显著地大于组内变异量，即不同处理间的结果是有差异的。

3）多重比较

F 测验得到的结果是一个整体差异，即说明处理组的平均值是有显著差异的，但并不说明各个平均数之间都有显著差异，也不能说明是一部分平均数有差异，而另外一部分平均数间没有差异。为此需要对各平均数进行多重比较。

多重比较方法很多，这里只介绍最常用的 Duncan 法，又称为新复极差测验（SSR）。它的计算过程分别可以表示为

①计算平均数的标准误 SE，当各样本的容量均为 n 时：

$$\mathrm{SE} = \sqrt{\frac{s_e^2}{n}}$$

②查 SSR 表，可以得到在 s_e^2 在各自由度下，$p = 2, 3, \cdots, k$ 时的 SSR_α 值，进而算得各个 p 下的最小显著极差 LSR（p 为某两极差间所包含的平均数个数）：

$$\mathrm{LSR}_\alpha = \mathrm{SE} \times \mathrm{SSR}_\alpha$$

③将各平均数按大小顺序排列，用各个 p 的 LSR_α 值测验各平均数两极差的显著性：凡是两极差＜LSR_α，即认为两个平均数间在 α 水平上没有差异，凡极差≥LSR_α，即认为两个平均数间在 α 水平上差异显著。

④总而言之，多重比较的结果表示方法很多，但目前国际上生态学主要刊物大多采用 Duncan 法表示。它的表示方法如下。

将全部平均数从大到小依次排列，然后在最大的平均数上标上字母 a，并将该平均数与后面各平均数相比，凡相差不显著的（＜LSR_α 的），都标记上 a，直至某个与之相差显著的平均数标以字母 b；再以标有 b 的平均数为标准，先与前面的平均数比，凡相差不显著的（＜LSR_α 的），在 a 旁边标记上 b；然后，以标有 b 的最大平均值为标准，与后面各个平均数比，凡相差不显著的继续以字母 b 标记，直到某一个与之相差显著的平均数标以 c。如此重复下去，直到最小的一个平均数有了标记字母为止。这样，各个平均数间，凡有一个相同字母的即为差异不显著，凡具有不同字母的即为差异显著。

在实际应用中，为了区分 0.05 和 0.01 水平上的差异性，以小写字母表示 0.05 水平，以大写字母表示 0.01 水平。

二、种群的分布格局

1. 分布格局

种群分布格局（population distribution pattern）是植物种群生物学特性对环境条件长期适应和选择的结果。种群的分布格局是指组成种群的各个体在水平空间中的分布方式或配置状况。种群的分布格局是由种群的生物学特性、生态学特性、种群内及种群间的关系及环境条件的综合因素决定的。按照种群在大范围的连续方式，种群的分布类型分为连续分布和不连续分布（间断分布）两种类型。按照种群个体在空间的分布形式，种群分布格局分为随机分布、均匀分布和集群分布三种类型（图 4-6）。

（1）随机分布（random distribution）是指种群个体的分布是随机的，分布机会均等，个体间彼此独立，任意一个体的出现与其他个体的存在与否无关。

（2）均匀分布（uniform distribution）是指种群内个体的分布是等间距的。在自然条件下，均匀分布极为少见，大多为人工群落，如：株行距均匀的人工林。

（3）集群分布（contagious/clumped distribution）是指种群内个体的分布极不均匀，常成群或丛（簇）状密集分布。集群分布是较常见的一种分布格局。形成聚群分布的原因主要有种子的繁殖特点，植物的无性繁殖和局部环境的差异等，如：母树周围种子分布集中，更新的幼苗呈丛状；伐根萌芽和根蘖形成的集群；植物对光照条件的需求，在林隙中的更新呈丛状等。

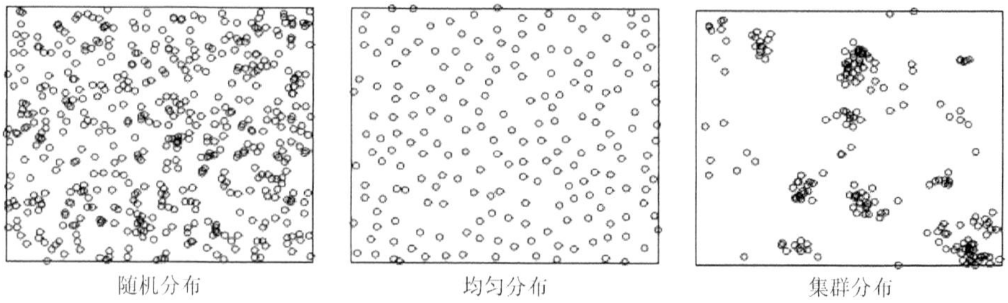

图 4-6　植物种群空间分布格局类型

2. 分布格局类型的判定

分布格局类型的判定方法主要分为两大类，即以频度/密度为基础的样地法（plot method）和以距离/邻接为基础的无样地法（plotless method）。样地法和无样地法各有优缺点，应根据实际情况加以选用。通常，无样地法适合于小尺度的格局分析，而样地法适合于较大尺度的格局分析。

判定种群分布格局的方法主要有：方差/均值比，Morisita 分散指数和 χ^2 检验方法等。

（1）方差/均值比方法建立在泊松（Poisson）分布的预期假设上，一个 Poisson 分布的总体基方差（V）和均值（$\bar{x}$）相等，即 $V/\bar{x}=1$；如果 $V/\bar{x}>1$ 则种群趋于集群分布；如果 $V/\bar{x}<1$ 则种群趋于均匀分布。方差和均值的计算公式如下：

$$V=\left[\sum_{i=1}^{N}(x_i-\bar{x})^2\right]\Big/(N-1)$$

$$\bar{x}=\left(\sum_{i=1}^{N}x_i\right)\Big/N$$

式中，N 为小样方数；x_i 为第 i 样方内的个体数。显著性检验采用 t 检验：

$$t=(V/\bar{x}-1)/\sqrt{2/(N-1)}$$

其中，μ 是理论均值。然后以自由度 $\nu=N-1$，双尾查 t 表进行显著性检验。当 $|t|\leqslant t_{N-1,0.05,\ (\text{双侧})}$ 时，为随机分布，否则为聚集或均匀分布。

（2）Morisita 分散指数，1959 年森下正明（Morisita）从 Simpson 多样性指数推导出不直接依赖于 Poisson 分布的随机测定指数，分散指数计算公式如下：

$$I_\delta=N\frac{\sum_{i=1}^{N}(x_i-1)x_i}{n(n-1)}$$

$$n=\sum_{i=1}^{N}x_i$$

式中，N 为小样方数，n 为样地中个体的总株数，x_i 为 i 个样方中的个体数。如果 $I_\delta=1$，个体是随机分布；如果 $I_\delta>1$，为聚集分布；如果 $I_\delta<1$，则个体趋于均匀分布。显著性检验采用 F 检验：

$$F=\left[I_\delta(n-1)+N-n\right]/(N-1)$$

然后以分子自由度 $\nu=N-1$，分母自由度为∞查 F 表进行显著性检测。如果 $F_{N-1,\infty,0.025}\leqslant F\leqslant F_{N-1,\infty,0.975}$ 为随机分布，否则为聚集或均匀分布。

（3）χ^2 检验方法主要将各样方的个体数与 Poisson 分布的预期值进行比较。Poisson 分布的预期样本频率可由下式获得

$$P(k)=\frac{(m^k\mathrm{e}^{-m})}{k!}$$

式中，e 为自然对数的底；k 为样方中个体的株数，取 0, 1, 2, 3, …, m 为群落

平均数；其余公式符号同上。χ^2 检验的公式为

$$x^2 = \sum_{i=1}^{N} \frac{(O_i - E_i)^2}{E_i}$$

式中，O_i 为实测样方数；E_i 为理论频数，

$$E_i = P(k) \times N$$

N 为实测的总样方数。

利用 d 值来判断分布类型：

$$d = \sqrt{2x^2} - \sqrt{2\nu - 1}$$

式中，d 为标准正态变量；ν 是 χ^2 检验的自由度。如果 $d>1.960$，个体是集群分布；如果 $d<-1.960$，个体是均匀分布；否则，种群为随机分布。

三、植物群落的物种多样性

物种多样性是群落内生物组成结构的重要指标。该项指标在一定程度上能反映群落的类型和特征，可用来比较两个群落中物种的复杂度和丰富程度。它通常包含两种含义：①种的数目或丰富度，即一个群落或生境中物种数目的多寡；②种的均匀度，即一个群落或生境中全部物种个体数目的分配状况，它反映的是各物种个体数目分配的均匀程度。

物种多样性可从 3 个尺度上测度，即 α，β 和 γ 多样性。α 多样性主要反映群落中物种丰富度和个体在各物种中分布均匀程度的指标；β 多样性是用来描述群落内环境异质性变化或随群落间环境变化而导致的物种丰富度和均匀程度变化的指标；γ 多样性是在更大的生态学尺度上，如景观尺度水平上，测量物种多样性变化或差异的指标。这里主要介绍 α 多样性。

1. 物种丰富度指数（species richness index）

物种丰富度即物种的数目，物种丰富度指某一群落或生境中物种数目的多寡，是最简单、最传统的物种多样性的测度方法，直到目前仍有许多植物生态学家使用。如果研究地区或样地面积在时间和空间上是确定的或可控制的，则物种丰富度会提供很有用的信息，否则物种丰富度几乎是没有意义的，因为物种丰富度与样方大小有关。为了解决这个问题，一般采用两种方式。第一，用单位面积的物种数目即物种密度来测度物种丰富程度，这种方法多用于陆地植物多样性研究，一般用每平方米的物种数目表示；第二，用一定数量的个体或生物量中的物种数目，即数量丰富度这种方法，多用于水域物种多样性研究。

2. 辛普森（Simpson）多样性指数

辛普森多样性指数是基于概率论原理提出的，并广泛用于植物群落的研究。该指数假设，对于无限大的群落随机取样，样本中两个不同种个体相遇的概率可认为是一种多样性的测度。计算公式如下：

$$D = 1 - \sum_{i=1}^{S}(P_i)^2$$

式中，D 为辛普森多样性指数；$P_i = N_i/N$，N_i 为第 i 个物种的个体数目，N 为所有物种的总个体数目，P_i 为第 i 个物种的多度占所有物种多度之和的比例；S 为总物种数目。

3. 香农-维纳（Shannon-Wiener）多样性指数

香农-维纳多样性指数是 Shannon 和 Wiener 提出的信息不确定性的测度公式。在群落中随机抽取一个个体，它属于哪个种是不确定的，而且这种不确定性随物种种数的增多而增大。因此，可以将种的这种不确定性作为多样性的测度，计算公式为

$$H = -\sum_{i=1}^{S}(P_i \ln P_i)$$

式中，H 为香农-维纳多样性指数；P_i 为第 i 个物种的多度占所有物种多度之和的比例；S 为总物种数目。

4. 均匀度指数

均匀度指数用于测度个体在各物种间的分布均匀性。均匀度指数越大，则分布越均匀。均匀度指数类型很多，常见的类型如下：均匀度指数 = 多样性指数/多样性指数上限，公式为

$$J = H/H_{\max}$$

式中，J 为均匀度指数；H 为香农-维纳多样性指数；$H_{\max}$ 为最大的物种多样性指数，$H_{\max} = \ln S$。

5. 群落相似性指数

群落相似性指数用于测度群落的物种相似性。相似性指数种类众多，但应用效果较好是索伦森（Sorenson）指数。

$$C_S = 2j/(a + b)$$

式中，C_S 为 Sorenson 相似性指数；j 为两个群落共有的物种数；a 为群落 A 的物种数；b 为群落 B 的物种数。

四、种间关联

种间关联是指两个物种可能因为生境需求的相似性，单惠或互惠的种间关系能在一定空间共存的现象。另外，蒂尔曼（Tilman）通过空间竞争模型推导出多个物种可以通过竞争能力、定居能力以及寿命等方面的种间平衡机制达到种间关联。检验种间是否存在关联常用的方法有耶茨（Yates）修正的皮尔逊（Pearson）卡方检验。

χ^2检验公式为

$$\chi^2=\frac{(ad-bc)^2n}{(a+b)(a+c)(b+d)(c+d)}$$

由于取样为非连续性取样，对于非连续性数据的χ^2检验用 Yates 的连续纠正公式计算。其表达式如下：

$$\chi^2=\frac{\left(|ad-bc|-0.5n\right)^2n}{(a+b)(a+c)(b+d)(c+d)}$$

根据χ^2结果查表，当$P>0.05$时，即$\chi^2<3.841$时，种间联结不显著；当$0.01<P\leqslant0.05$时，即$3.841\leqslant\chi^2<6.635$，种间联结显著；当$P\leqslant0.01$时，即$\chi^2\geqslant6.635$，种间联结极显著。$\chi^2$值本身没有负值，判断种间正、负联结的方法是当$ad>bc$时为正联结，$ad<bc$为负联结。

公式中，a为种 A 和种 B 均出现的样方数，b为仅有种 A 出现的样方数，c为仅有种 B 出现的样方数，d为两个种均不出现的样方数，样方总数$n=a+b+c+d$。a、b、c、d可由 2×2 列联表（表 4-2）进行统计。

表 4-2　种间关联测定的 2×2 列联表

		种 B		合计
		出现的样方数	不出现的样方数	
种 A	出现的样方数	a	b	$a+b$
	不出现的样方数	c	d	$c+d$
合计		$a+c$	$b+d$	$a+b+c+d$

五、径级结构

径级结构是群落的基本结构。同龄林在生长过程中因竞争激烈而产生径级分化，径级分布呈近似于正态分布，即：大径级和小径级的株数较少，中等大小的径级株数较多。天然林的径级分布较复杂，如无人为干扰和破坏，将呈倒 J 形曲线分布，即：幼苗、幼树的株数最多，中小径级的株数密度较大，随着径级的增大，株数密度急剧递减，但到一定径级后，其递减速率减慢，并逐渐趋于平稳，如图 4-7 所示。这种径级结构的分布形式能够维持群落的自我更新，其生态系统有一定的稳定性。天然林的径级分布可采用韦布尔（Weibull）模型和负指数模型进行模拟。

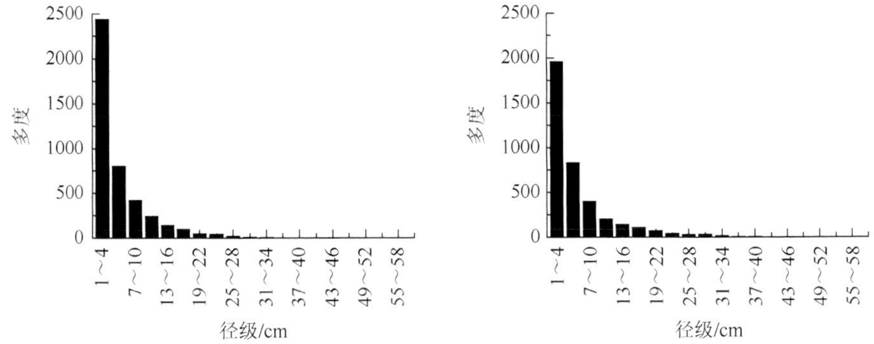

图 4-7　植物径级分布图

另外，迈耶（Meyer）研究发现，在未受到干扰的天然异龄林林分中连续两个径级林木株数的比例趋向于一个常数（q）。g 称为林分结构的商数，为某一径级的株数与相邻较大径级株数之比，其值是一个递减系数或常数。g 值的序列和均值可以表达林分的径级株数分布状况，q 值越小，直径分布曲线越平缓；q 值越大，曲线越陡峭。g 的取值在于经营者的目标，一般情况下，g 值小，生产大径材数量多；g 值大，小径材数量就多。

六、植物种群的年龄结构

植物种群的年龄结构是指种群内不同年龄的个体的分布或组配情况，它可以反映种群的动态及发展趋势，并在一定程度上反映种群与环境之间的相互关系，以及它们在群落中的作用和地位。

植物种群的年龄结构分析，个体年龄的测定，是通过在每个样地选取有代表性的个体，用生长锥在其根颈处钻取年龄木芯，以 1 个生长年轮代表年龄 1 年来确定其年龄；根据实测标准木的年龄和胸径大小，建立具有显著相关性的年龄-胸径的回归方程，以此方程来确定种群其他个体的年龄。但鉴于有些物种材质坚硬或其他原因等，不易钻取木芯，要确定其种群个体年龄较为困难，因此，实际操作中，常采用径级结构代替年龄结构的方法来分析种群结构。首先是根据取样数据把同一种群分为不同的龄级，再根据不同龄级的个体数与种群总个体数目相比而构成龄级比率，进而按龄级比率构成年龄金字塔。根据年龄金字塔结构，可以判断某一种群是增长种群还是稳定种群或衰退种群。

种群的年龄划分，在森林群落中通常是以树木的立木级来表示：Ⅰ级，高度在 33 cm 以下；Ⅱ级，高度在 33 cm 以上，胸径不足 2.5 cm；Ⅲ级，胸径在 2.5～7.5 cm；Ⅳ级，胸径在 7.5～22.5 cm；Ⅴ级，胸径在 22.5 cm 以上。

第五章　弄岗实习地自然概况

一、地理位置

广西弄岗国家级自然保护区位于我国西南部，地处广西壮族自治区龙州县与宁明县境内。地理坐标为东经106°42′28″～107°04′54″、北纬22°13′56″～22°39′09″，地处云贵高原向东南倾斜的前缘缓冲地带。保护区横跨驮龙、亭亮、逐卜、响水、上龙、上金和武德 7 个乡镇。保护区整体呈东南—西北的长条状分布，东西长度达33.53 km，面积约101 km^2。由于两处被居民点所隔离，整个保护区被分割成3个不连续的片区，即弄岗、陇呼和陇山片区，其中中部的弄岗片区面积最大，为5425 hm^2；西部的陇呼片区面积最小，为1008 hm^2；东部的陇山片区地跨龙州、宁明两县，面积为3645 hm^2。保护区属典型的喀斯特地貌，人为干扰不大，至今还保存着世界罕见的最完好的北热带喀斯特季节性雨林。该保护区以珍贵稀有的濒危动植物和独特的喀斯特地貌以及北热带喀斯特季节性雨林生态系统为主要保护对象。

二、地质地貌

弄岗自然保护区属于石灰系及下二叠统碳酸盐岩地层，岩性为灰岩、白云岩以及白云质灰岩等。地质构造主要是纬向构造和北西向构造的交接复合部位，并受到新华夏构造的影响和龙州—凭祥弧形构造波及，构造较为复杂。地貌类型主要表现为典型的喀斯特峰丛地貌和峰丛谷地，尤其以峰丛深切圆洼地槽形谷地地形为主。峰丛谷地和洼地的断层裂缝很多，地下岩溶水垂直向下运动非常剧烈，主要以呈北西方向树枝状的地下河径流形式排泄于明江和左江，水循环条件良好。由于岩溶水垂直向下强烈地运动，地表水十分缺乏，水分中碳酸钙成分非常丰富，裂隙溶洞水成为主要的地下水资源类型。本区岩溶发育主要与地质构造、可溶性岩石和不断运动着的具有强溶蚀能力的岩溶水，以及动植物和气候环境等因素有着密切的关系。

三、气候和土壤

弄岗自然保护区地处北回归线以南，为热带季风气候。在春夏之际主要受印度洋北部西南季风影响，风向偏南，气温较高而且降雨较多。夏季和秋季受赤道季风影响较大，多为偏东风风向，气候炎热而且雨量充沛；冬春季之间则受大陆高压东北季风影响，偏东风向，气温偏低，气候较干燥且雨水较少。区内月平均降雨分布不均，干湿季节明显，旱季主要在1～4月和11～12月，而雨季集中在5～9月，多年平均降雨量在1150～1550 mm。年均气温22℃，年最高气温37～39℃，最冷月平均气温在13℃以上。由于季风环流和地形条件的影响，风速常年较小，一般在1.4～1.5 m/s，风速较大的月份为1～4月，风速较小的月份一般为9～10月，风向与谷向变化基本一致。保护区湿度年周期变化与降雨季节性变化一致，冬季平均相对湿度75%～78%，夏季平均相对湿度在80%～83%。日照时数全年1500～1800 h，9月日照时数最多，月平均在184～208 h；3月最少，月平均只有63～68 h。

弄岗自然保护区的土壤为石灰土。保护区具有多种土壤类型，包括原始石灰土、棕色石灰土、黑色石灰土、水化棕色石灰土和淋溶红色石灰土，不同土壤类型分布于不同的生境中。原始石灰土主要分布于山顶凹处；黑色石灰土主要分布于山顶和山体上部；棕色石灰土分布于山体中部和中下部，且面积分布较大；水化棕色石灰土主要分布于洼地和谷地；而淋溶红色石灰土在山体坡麓部位有零星分布。保护区土壤层具有土壤钙含量高、有机质和其他营养元素较为丰富、土壤pH一般为中性或微碱性、土壤质地黏重且结构多以团粒-团块居多、土层浅薄并且分布不连片等特点。

四、植被概况

弄岗自然保护区内保存着我国面积较大、生态系统较为完整的典型北热带喀斯特季节性雨林植被类型，是我国目前面积最大、最原始、最独特的北热带喀斯特季节性雨林，具有喀斯特季节性雨林生态系统特征的珍稀濒危物种的生物基因库。因受到热带季风气候、地形、水热条件等影响，该保护区的植物资源非常丰富，具有物种丰富、植被类型多样的特点。植物区系主要由热带性质的北部湾植物区系和海南植物区系的优势科组成，如大戟科（Euphorbiaceae）、无患子科（Sapindaceae）、桑科（Moraceae）、楝科（Meliaceae）、藤黄科（Clusiaceae）、豆科（Fabaceae）等科组成。区系组成中，很多为热带喀斯特地区的特有种类，最具代表性的如蚬木（*Excentrodendron tonkinense*）、肥牛树（*Cephalomappa sinensis*）、金丝李（*Garcinia paucinervis*）、望天树（*Parashorea chinensis*）等种类，此外，三角车（*Rinorea bengalensis*）、割舌树（*Walsura robusta*）、假肥牛树（*Cleistanthus petelotii*）、网脉核果木（*Drypetes perreticulata*）、茎花山柚（*Champereia manillana* var. *longistaminea*）、东京桐（*Deutzianthus tonkinensis*）、海南风吹楠（*Horsfieldia hainanensis*）、闭花木（*Cleistanthus sumatranus*）等也多见于喀斯特地区。

由于洼地到山顶水热条件的剧烈变化，使得植被类型有明显的垂直变化。在洼地及其边缘，因太阳直射光照射时间不长，较为荫蔽且湿度条件好，因此这些部位多由喜湿耐阴性强的种类组成森林，如海南风吹楠林、望天树林、东京桐林、火焰花

（*Phlogacanthus curviflorus*）林、五桠果叶木姜子（*Litsea dilleniifolia*）林等，这类森林树高可以达到35 m，板根现象和茎花现象非常普遍，附生植物数量较多，这一生态系列的热带季雨林特征最明显，其中的七指蕨（*Helminthostachys zeylanica*）多分布在该区域。在坡地中上部和中下部，因太阳直射光照射时间比洼地长，土壤保水性通常比下部差，湿度条件比洼地低，分布有蚬木林、肥牛树林及闭花木林等，这种类型森林树高可以达到25 m左右，板根、茎花、附生现象不如洼地类型明显。此外石生铁角蕨（*Asplenium saxicola*）和岭南铁角蕨（*Asplenium sampsoni*）多出现在该区域。而在山峰顶部及其周围，其生境条件较为恶劣，白天几乎全天受到太阳光的直射光照射，温度很高且湿度很低，主要分布的为山顶矮林，种类主要为清香木（*Pistacia weinmanniifolia*）、毛叶铁榄（*Sinosideroxylon pedunculatum* var. *pubifolium*）、黄梨木（*Boniodendron minus*）、米念芭（*Tirpitzia ovoidea*）等为优势种，高度通常只有5～6 m，林木仅有一层，旱生性明显，此外还有一些兰科植物如钗子股（*Luisia morsei*）、美花石斛（*Dendrobium loddigesii*）、琴唇万代兰（*Vanda concolor*）等以及粉背蕨属（*Aleuritopteris*）植物，后者是典型的岩溶专性植物代表之一。

五、动植物资源

据统计，区内共有维管植物1830种（含变种65种、亚种12种），隶属于176科845属，分别包括石松类和蕨类植物23科51属164种、裸子植物4科5属11种、被子植物149科789属1655种（石松类和蕨类植物采用PPG I系统，裸子植物采用杨氏裸子植物分类系统，被子植物按APG Ⅳ系统）。其中国家一级保护植物有石山苏铁（*Cycas sexseminifera*）、叉叶苏铁（*Cycas bifida*）等7种；国家二级保护植物有蚬木、东京桐、海南风吹楠等49种；中国特有蕨类植物包括百越凤尾蕨（*Pteris fauriei* var. *chinensis*）、翠云草（*Selaginella uncinata*）、云南观音座莲（*Angiopteris yunnanensis*）等；广西特有种包括肥牛草（*Primulina hedyotidea*）、龙州秋海棠（*Begonia morsei*）、凹脉金花茶（*Camellia impressinervis*）等91种；岩溶特有植物包括龙州凤仙花（*Impatiens morsei*）、地枫皮（*Illicium difengpi*）、弄岗报春苣苔（*Primulina longgangensis*）等；经济药用植物有862种，隶属153科528属，植物组成非常丰富。保护区内分布有陆生脊椎动物共计429种，隶属于4纲27目93科，其中，两栖类31种，占广西两栖动物种数的26.7%；爬行类66种，占广西爬行类种数的36.7%；鸟类266种，占广西鸟类种数的35.5%；兽类66种，占广西兽类种数的36.7%。属于国家一级保护的动物有白头叶猴（*Trachypithecus leucocephalus*）、黑叶猴（*Trachypithecus francoisi*）、熊猴（*Macaca assamensis*）等。白头叶猴、广西林蛇（*Boiga guangxiensis*）等为广西特有种。保护区昆虫资源丰富，数目高达565种，隶属14目101科，其中蝶类高达201种。

第六章　弄岗维管植物名录

一、石松类和蕨类 Lycopodiophyta/Pteridophyta

1. 石松科 Lycopodiaceae

（1）石松属 *Lycopodium* L.

石松 *Lycopodium japonicum* Thunb.

（2）马尾杉属 *Phlegmariurus*（Herter）Holub

马尾杉 *Phlegmariurus phlegmaria*（L.）Holub

龙骨马尾杉 *Phlegmariurus carinatus*（Desv.）Ching

2. 卷柏科 Selaginellaceae

（3）卷柏属 *Selaginella* P. Beauv.

布朗卷柏 *Selaginella braunii* Baker

蔓出卷柏 *Selaginella davidii* Franch.

薄叶卷柏 *Selaginella delicatula*（Desv.）Alston

疏松卷柏 *Selaginella effusa* Alston

兖州卷柏 *Selaginella involvens*（Sw.）Spring

细叶卷柏 *Selaginella labordei* Hieron. ex Christ

膜叶卷柏 *Selaginella leptophylla* Baker

江南卷柏 *Selaginella moellendorffii* Hieron.

高雄卷柏 *Selaginella repanda*（Desv.）Spring

翠云草 *Selaginella uncinata*（Desv.）Spring

大叶卷柏 *Selaginella bodinieri* Hieron.

黑顶卷柏 *Selaginella picta* A. Braun ex Baker

攀缘卷柏 *Selaginella helferi* Warb.

3. 木贼科 Equisetaceae

（4）木贼属 *Equisetum* L.

笔管草 *Equisetum ramosissimum* subsp. *debile*（Roxb. ex Vaucher）Á. Löve & D. Löve

4. 松叶蕨科 Psilotaceae

（5）松叶蕨属 *Psilotum* Sw.
松叶蕨 *Psilotum nudum*（L.）P. Beauv.

5. 瓶尔小草科 Ophioglossaceae

（6）瓶尔小草属 *Ophioglossum* L.
瓶尔小草 *Ophioglossum vulgatum* L.
（7）阴地蕨属 *Sceptridium* Lyon
阴地蕨 *Sceptridium ternatum*（Thunb.）Lyon
（8）七指蕨属 *Helminthostachys* Kaulf.
七指蕨 *Helminthostachys zeylanica*（L.）Hook.

6. 合囊蕨科 Marattiaceae

（9）观音座莲属 *Angiopteris* Hoffm.
披针观音座莲 *Angiopteris caudatiformis* Hieron.
云南观音座莲 *Angiopteris yunnanensis* Hieron.

7. 膜蕨科 Hymenophyllaceae

（10）假脉蕨属 *Crepidomanes* C. Presl
边内假脉蕨 *Crepidomanes intramarginale*（Hook. et Grev.）Cop.
阔边假脉蕨 *Crepidomanes latemarginale*（Eaton）Copel.
翅柄假脉蕨 *Crepidomanes latealatum*（Bosch）Copel.

8. 里白科 Gleicheniaceae

（11）芒萁属 *Dicranopteris* Bernh.
铁芒萁 *Dicranopteris linearis*（Burm. f.）Underw.
芒萁 *Dicranopteris pedata*（Houtt.）Nakaike

9. 海金沙科 Lygodiaceae

（12）海金沙属 *Lygodium* Sw.
海南海金沙 *Lygodium circinnatum*（Burm. f.）Sw.
曲轴海金沙 *Lygodium flexuosum*（L.）Sw.
海金沙 *Lygodium japonicum*（Thunb.）Sw.
柳叶海金沙 *Lygodium salicifolium* C. Presl

小叶海金沙 *Lygodium microphyllum*（Cav.）R. Br.

10. 蘋科 Marsileaceae

（13）蘋属 *Marsilea* L.
蘋 *Marsilea quadrifolia* L.

11. 桫椤科 Cyatheaceae

（14）黑桫椤属 *Gymnosphaera* Blume
黑桫椤 *Gymnosphaera podophylla*（Hook.）Copel.
（15）桫椤属 *Alsophila* R. Br.
大叶黑桫椤 *Alsophila gigantea* Wall. ex Hook.
桫椤 *Alsophila spinulosa*（Wall. ex Hook.）R. M. Tryon

12. 凤尾蕨科 Pteridaceae

（16）车前蕨属 *Antrophyum* Kaulf.
美叶车前蕨 *Antrophyum callifolium* Blume
（17）粉背蕨属 *Aleuritopteris* Fée
西畴粉背蕨 *Aleuritopteris sichouensis* Ching & S. K. Wu
（18）凤尾蕨属 *Pteris* L.
狭眼凤尾蕨 *Pteris biaurita* L.
条纹凤尾蕨 *Pteris cadieri* Christ
多羽凤尾蕨 *Pteris decrescens* Christ
剑叶凤尾蕨 *Pteris ensiformis* Burm.
少羽凤尾蕨 *Pteris ensiformis* var. *merrillii*（C. Chr.）S. H. Wu
百越凤尾蕨 *Pteris fauriei* var. *chinensis* Ching & S. H. Wu
傅氏凤尾蕨 *Pteris fauriei* Hieron.
林下凤尾蕨 *Pteris grevilleana* Wall. ex J. Agardh
狭叶凤尾蕨 *Pteris henryi* Christ
华中凤尾蕨 *Pteris kiuschiuensis* var. *centrochinensis* Ching & S. H. Wu
线羽凤尾蕨 *Pteris arisanensis* Tagawa
井栏边草 *Pteris multifida* Poir.
斜羽凤尾蕨 *Pteris oshimensis* Hieron.
半边旗 *Pteris semipinnata* L.
叉羽凤尾蕨 *Pteris ensiformis* var. *furcans* Ching ex Ching & S. H. Wu

两广凤尾蕨 *Pteris maclurei* Ching
欧洲凤尾蕨 *Pteris cretica* L.
（19）戟叶黑心蕨属 *Calciphilopteris* Yesilyudt & H. Schneid.
戟叶黑心蕨 *Calciphilopteris ludens*（Wall. ex Hook.）Yesilyurt & H. Schneid.
（20）金粉蕨属 *Onychium* Kaulf.
野雉尾金粉蕨 *Onychium japonicum*（Thunb.）Kunze
（21）水蕨属 *Ceratopteris* Brongn.
水蕨 *Ceratopteris thalictroides*（L.）Brongn.
（22）碎米蕨属 *Cheilanthes* Sw.
薄叶碎米蕨 *Cheilanthes tenuifolia* Hook.
平羽碎米蕨 *Cheilanthes patula* Baker
（23）铁线蕨属 *Adiantum* L.
铁线蕨 *Adiantum capillus-veneris* L.
鞭叶铁线蕨 *Adiantum caudatum* L.
扇叶铁线蕨 *Adiantum flabellulatum* L.
白垩铁线蕨 *Adiantum gravesii* Hance
仙霞铁线蕨 *Adiantum juxtapositum* Ching
假鞭叶铁线蕨 *Adiantum malesianum* Ghatak
半月形铁线蕨 *Adiantum philippense* L.
（24）蜈蚣草属 *Eremochloa* Buse
蜈蚣草 *Eremochloa ciliaris*（L.）Merr.

13. 碗蕨科 Dennstaedtiaceae

（25）蕨属 *Pteridium* Gled. ex Scop.
蕨 *Pteridium aquilinum* var. *latiusculum*（Desv.）Underw. ex A. Heller
食蕨 *Pteridium esculentum*（G. Forst.）Cockayne
（26）鳞盖蕨属 *Microlepia* C. Presl
华南鳞盖蕨 *Microlepia hancei* Prantl
毛果鳞盖蕨 *Microlepia trichocarpa* Hayata
光叶鳞盖蕨 *Microlepia marginata* var. *calvescens*（Wall. ex Hook.）C. Chr.
边缘鳞盖蕨 *Microlepia marginata*（Houtt.）C. Chr.
热带鳞盖蕨 *Microlepia speluncae*（L.）Moore
假粗毛鳞盖蕨 *Microlepia pseudostrigosa* Makino
毛果鳞盖蕨 *Microlepia trichocarpa* Hayata

14. 铁角蕨科 Aspleniaceae

（27）铁角蕨属 *Asplenium* L.

南方铁角蕨 *Asplenium belangeri*（Bory）Kze.

镰叶铁角蕨 *Asplenium polyodon* G. Forst.

岭南铁角蕨 *Asplenium sampsoni* Hance

石生铁角蕨 *Asplenium saxicola* Rosenst.

半边铁角蕨 *Asplenium unilaterale* Lam.

变异铁角蕨 *Asplenium varians* Wall. ex Hook. & Grev.

狭翅巢蕨 *Asplenium antrophyoides* Christ

扁柄巢蕨 *Asplenium humbertii* Tardieu

巢蕨 *Asplenium nidus* L.

细裂铁角蕨 *Asplenium tenuifolium* D. Don

15. 乌毛蕨科 Blechnaceae

（28）狗脊属 *Woodwardia* Sm.

狗脊 *Woodwardia japonica*（L. f.）Sm.

（29）乌毛蕨属 *Blechnopsis* C. Presl

乌毛蕨 *Blechnopsis orientalis*（L.）C. Presl

16. 蹄盖蕨科 Athyriaceae

（30）对囊蕨属 *Deparia* Hook. & Grev.

假蹄盖蕨 *Deparia japonica*（Thunb.）M. Kato

毛轴假蹄盖蕨 *Deparia petersenii*（Kunze）M. Kato

单叶双盖蕨 *Deparia lancea* Fraser-Jenk.

（31）双盖蕨属 *Diplazium* Sw.

狭翅短肠蕨 *Diplazium alatum*（Christ）R. Wei & X. C. Zhang

毛柄短肠蕨 *Diplazium dilatatum* Blume

阔片短肠蕨 *Diplazium matthewii*（Copel.）C. Chr.

双生短肠蕨 *Diplazium prolixum* Rosenst.

毛轴菜蕨 *Diplazium esculentum* var. *pubescens* Tardieu & C. Chr.

中华短肠蕨 *Diplazium chinense*（Baker）C. Chr.

羽裂短肠蕨 *Diplazium pinnatifidopinnatum*（Hook.）T. Moore

17. 金星蕨科 Thelypteridaceae

（32）金星蕨属 *Parathelypteris*（H. Itô）Ching
金星蕨 *Parathelypteris glanduligera*（Kunze）Ching
滇越金星蕨 *Parathelypteris indochinensis*（Christ）Ching
（33）龙津蕨属 *Mesopteris* Ching
龙津蕨 *Mesopteris tonkinensis*（C. Chr.）Ching
（34）毛蕨属 *Cyclosorus* Link
缩羽毛蕨 *Cyclosorus abbreviatus* Ching & K. H. Shing ex K. H. Shing & J. F. Cheng
渐尖毛蕨 *Cyclosorus acuminatus*（Houtt.）Nakai
干旱毛蕨 *Cyclosorus aridus*（Don）Tagawa
齿牙毛蕨 *Cyclosorus dentatus*（Forssk.）Ching
节状毛蕨 *Cyclosorus articulatus* Panigrahi
龙栖山毛蕨 *Cyclosorus longqishanensis* K. H. Shing
华南毛蕨 *Cyclosorus parasiticus*（L.）Farw.
截裂毛蕨 *Cyclosorus truncatus*（Poir.）Farw.
（35）星毛蕨属 *Ampelopteris* Kunze
星毛蕨 *Ampelopteris prolifera*（Retz.）Copel.
（36）新月蕨属 *Pronephrium* C. Presl
新月蕨 *Pronephrium gymnopteridifrons*（Hayata）Holttum
红色新月蕨 *Pronephrium lakhimpurense*（Rosenst.）Holttum
披针新月蕨 *Pronephrium penangianum*（Hook.）Holttum
三羽新月蕨 *Pronephrium triphyllum*（Sw.）Holttum
（37）针毛蕨属 *Macrothelypteris*（H. Ito）Ching
普通针毛蕨 *Macrothelypteris torresiana*（Gaudich.）Ching

18. 肿足蕨科 Hypodematiaceae

（38）肿足蕨属 *Hypodematium* Kunze
肿足蕨 *Hypodematium crenatum*（Forssk.）Kuhn

19. 鳞毛蕨科 Dryopteridaceae

（39）贯众属 *Cyrtomium* C. Presl
贯众 *Cyrtomium fortunei* J. Sm.

（40）实蕨属 *Bolbitis* Schott

贵州实蕨 *Bolbitis christensenii*（Ching）Ching

长叶实蕨 *Bolbitis heteroclita*（C. Presl）Ching

华南实蕨 *Bolbitis subcordata*（Copel.）Ching

20. 肾蕨科 Nephrolepidaceae

（41）肾蕨属 *Nephrolepis* Schott

肾蕨 *Nephrolepis cordifolia*（L.）C. Presl

21. 爬树蕨科 Arthropteridaceae

（42）爬树蕨属 *Arthropteris* J. Sm. ex Hook. f.

爬树蕨 *Arthropteris palisotii*（Desv.）Alston

22. 三叉蕨科 Tectariaceae

（43）叉蕨属 *Tectaria* Cav.

毛叶轴脉蕨 *Tectaria devexa* Copel.

黑鳞轴脉蕨 *Tectaria fuscipes*（Wall. ex Bedd.）C. Chr.

无盖轴脉蕨 *Tectaria subsageniacea*（Christ）Christenh.

地耳蕨 *Tectaria zeilanica*（Houtt.）Sledge

下延三叉蕨 *Tectaria decurrens*（C. Presl）Copel.

燕尾三叉蕨 *Tectaria simonsii*（Baker）Ching

掌状三叉蕨 *Tectaria morsei* C. Chr.

三叉蕨 *Tectaria subtriphylla*（Hook. & Arn.）Copel.

剑叶三叉蕨 *Tectaria leptophylla*（C. H. Wright）Ching

条裂三叉蕨 *Tectaria phaeocaulis*（Rosenst.）C. Chr.

23. 水龙骨科 Polypodiaceae

（44）薄唇蕨属 *Leptochilus* Kaulf.

掌叶线蕨 *Leptochilus digitatus*（Baker）Noot.

线蕨 *Leptochilus ellipticus*（Thunb.）Noot.

曲边线蕨 *Leptochilus ellipticus* var. *flexilobus*（Christ）X. C. Zhang

宽羽线蕨 *Leptochilus ellipticus* var. *pothifolius*（Buch.-Ham. ex D. Don）X. C. Zhang

长柄线蕨 *Leptochilus ellipticus* var. *longipes*（Ching）Noot.

翅星蕨 *Leptochilus pteropus*（Blume）Fraser-Jenk.

胄叶线蕨 *Leptochilus* × *hemitomus*（Hance）Noot.

（45）盾蕨属 *Neolepisorus* Ching

截基盾蕨 *Neolepisorus ovatus* f. *truncatus*（Ching & P. S. Wang）L. Shi & X. C. Zhang

（46）伏石蕨属 *Lemmaphyllum* C. Presl

倒卵伏石蕨 *Lemmaphyllum microphyllum* var. *obovatum*（Harr.）C. Chr.

伏石蕨 *Lemmaphyllum microphyllum* C. Presl

（47）石韦属 *Pyrrosia* Mirbel

贴生石韦 *Pyrrosia adnascens*（Sw.）Ching

相近石韦 *Pyrrosia assimilis*（Baker）Ching

光石韦 *Pyrrosia calvata*（Baker）Ching

琼崖石韦 *Pyrrosia eberhardtii*（Christ）Ching

石韦 *Pyrrosia lingua*（Thunb.）Farw.

相似石韦 *Pyrrosia similis* Ching

波氏石韦 *Pyrrosia bonii*（Christ ex Giesenh.）Ching

中越石韦 *Pyrrosia tonkinensis*（Giesenh.）Ching

（48）瓦韦属 *Lepisorus*（J. Sm.）Ching

肉质伏石蕨 *Lepisorus carnosus*（Wall. ex J. Sm.）C. F. Zhao, R. Wei & X. C. Zhang

江南星蕨 *Lepisorus fortunei*（T. Moore）C. M. Kuo

鳞果星蕨 *Lepisorus buergerianus*（Miq.）C. F. Zhao, R. Wei & X. Zhang

盾蕨 *Lepisorus ovatus*（Wall. ex Bedd.）C. F. Zhao, R. Wei & X. C. Zhang

（49）星蕨属 *Microsorum* Link

羽裂星蕨 *Microsorum insigne*（Blume）Copel.

星蕨 *Microsorum punctatum*（L.）Copel.

广叶星蕨 *Microsorum steerei*（Harr.）Ching

龙骨星蕨 *Microsorum membranaceum* var. *carinatum* W. M. Chu & Z. R. He

光亮瘤蕨 *Microsorum cuspidatum*（D. Don）Tagawa

（50）修蕨属 *Selliguea* Bory

金鸡脚假瘤蕨 *Selliguea hastata*（Thunb.）H. Ohashi & K. Ohashi

（51）槲蕨属 *Drynaria*（Bory）J. Sm.

团叶槲蕨 *Drynaria bonii* Christ

槲蕨 *Drynaria roosii* Nakaike

二、裸子植物 Gymnospermae

1. 苏铁科 Cycadaceae

（1）苏铁属 *Cycas* L.
叉叶苏铁 *Cycas bifida*（Dyer）K. D. Hill
石山苏铁 *Cycas sexseminifera* F. N. Wei
锈毛苏铁 *Cycas ferruginea* F. N. Wei

2. 罗汉松科 Podocarpaceae

（2）竹柏属 *Nageia* Gaertn.
长叶竹柏 *Nageia fleuryi*（Hickel）de Laub.
竹柏 *Nageia nagi*（Thunb.）Kuntze
（3）罗汉松属 *Podocarpus* L'Hér. ex Pers.
罗汉松 *Podocarpus macrophyllus*（Thunb.）Sweet
百日青 *Podocarpus neriifolius* D. Don

3. 松科 Pinaceae

（4）黄杉属 *Pseudotsuga* Carrière
短叶黄杉 *Pseudotsuga brevifolia* W. C. Cheng & L. K. Fu

4. 买麻藤科 Gnetaceae

（5）买麻藤属 *Gnetum* L.
买麻藤 *Gnetum montanum* Markgr.
小叶买麻藤 *Gnetum parvifolium*（Warb.）C. Y. Cheng ex Chun
垂子买麻藤 *Gnetum pendulum* C. Y. Cheng

三、被子植物 Angiospermae

1. 五味子科 Schisandraceae

（1）南五味子属 *Kadsura* Kaempf. ex Juss.
黑老虎 *Kadsura coccinea*（Lem.）A. C. Sm.
异形南五味子 *Kadsura heteroclita*（Roxb.）Craib
南五味子 *Kadsura longipedunculata* Finet & Gagnep.

（2）八角属 *Illicium* L.

地枫皮 *Illicium difengpi* K. I. B. & K. I. M. ex B. N. Chang

2. 三白草科 Saururaceae

（3）裸蒴属 *Gymnotheca* Decne.

裸蒴 *Gymnotheca chinensis* Decne.

3. 胡椒科 Piperaceae

（4）草胡椒属 *Peperomia* Ruiz & Pav.

石蝉草 *Peperomia blanda*（Jacq.）Kunth

硬毛草胡椒 *Peperomia cavaleriei* C. DC.

草胡椒 *Peperomia pellucida*（L.）Kunth

（5）胡椒属 *Piper* L.

蒌叶 *Piper betle* L.

苎叶蒟 *Piper boehmeriifolium*（Miq.）Wall. ex C. DC.

复毛胡椒 *Piper bonii* C. DC.

海南蒟 *Piper hainanense* Hemsl.

山蒟 *Piper hancei* Maxim.

毛蒟 *Piper hongkongense* C. DC.

风藤 *Piper kadsura*（Choisy）Ohwi

假蒟 *Piper sarmentosum* Roxb.

（6）齐头绒属 *Zippelia* Blume

齐头绒 *Zippelia begoniifolia* Blume ex Schult. & Schult. f.

4. 马兜铃科 Aristolochiaceae

（7）关木通属 *Isotrema* Raf.

海南关木通 *Isotrema hainanense*（Merr.）X. X. Zhu, S. Liao & J. S. Ma

广西关木通 *Isotrema kwangsiense*(Chun & F. C. How ex C. F. Liang)X. X. Zhu, S. Liao & J. S. Ma

变色关木通 *Isotrema versicolor*（S. M. Hwang）X. X. Zhu, S. Liao & J. S. Ma

（8）马兜铃属 *Aristolochia* L.

凹脉马兜铃 *Aristolochia impressinervis* C. F. Liang

弄岗马兜铃 *Aristolochia longgangensis* C. F. Liang

（9）细辛属 *Asarum* L.

尾花细辛 *Asarum caudigerum* Hance

地花细辛 *Asarum geophilum* Hemsl.
金耳环 *Asarum insigne* Diels

5. 肉豆蔻科 Myristicaceae

（10）风吹楠属 *Horsfieldia* Willd.
大叶风吹楠 *Horsfieldia kingii*（Hook. f.）Warb.
海南风吹楠 *Horsfieldia hainanensis* Merr.

6. 木兰科 Magnoliaceae

（11）长喙木兰属 *Lirianthe* Spach
显脉木兰 *Lirianthe fistulosa*（Finet & Gagnep.）N. H. Xia & C. Y. Wu
（12）含笑属 *Michelia* L.
白兰 *Michelia*×*alba* DC.
黄缅桂 *Michelia champaca* L.

7. 番荔枝科 Annonaceae

（13）澄广花属 *Orophea* Blume
广西澄广花 *Orophea polycarpa* A. Candolle
澄广花 *Orophea hainanensis* Merr.
多花澄广花 *Orophea multiflora* Jovet-Ast
（14）瓜馥木属 *Fissistigma* Griff.
多脉瓜馥木 *Fissistigma balansae*（A. DC.）Merr.
阔叶瓜馥木 *Fissistigma chloroneurum*（Hand.-Mazz.）Tsiang
白叶瓜馥木 *Fissistigma glaucescens*（Hance）Merr.
瓜馥木 *Fissistigma oldhamii*（Hemsl.）Merr.
黑风藤 *Fissistigma polyanthum*（Hook. f. & Thomson）Merr.
凹叶瓜馥木 *Fissistigma retusum*（H. Lév.）Rehder
（15）哥纳香属 *Goniothalamus*（Blume）Hook. f. & Thoms.
田方骨 *Goniothalamus donnaiensis* Finet & Gagnep.
（16）金钩花属 *Pseuduvaria* Miq.
金钩花 *Pseuduvaria trimera*（Craib）Y. C. F. Su & R. M. K. Saunders
（17）假鹰爪属 *Desmos* Lour.
假鹰爪 *Desmos chinensis* Lour.
毛叶假鹰爪 *Desmos dumosus*（Roxb.）Saff.

（18）藤春属 *Alphonsea* Hook. f. & Thomson
海南藤春 *Alphonsea hainanensis* Merr. & Chun
毛叶藤春 *Alphonsea mollis* Dunn
藤春 *Alphonsea monogyna* Merr. & Chun
（19）弯瓣木属 *Marsypopetalum* Scheff.
海滨弯瓣木 *Marsypopetalum littorale*（Blume）B. Xue & R. M. K. Saunders
（20）细基丸属 *Huberantha* Chaowasku
香花细基丸 *Huberantha rumphii*（Blume ex Hensch.）Chaowasku
（21）野独活属 *Miliusa* Lesch. ex A. DC.
野独活 *Miliusa balansae* Finet & Gagnep.
中华野独活 *Miliusa sinensis* Finet & Gagnep.
（22）银钩花属 *Mitrephora*（Blume）Hook. f. & Thoms.
山蕉 *Mitrephora macclurei* Weeras. & R. M. K. Saunders
（23）鹰爪花属 *Artabotrys* R. Br.
香港鹰爪花 *Artabotrys hongkongensis* Hance
（24）紫玉盘属 *Uvaria* L.
紫玉盘 *Uvaria macrophylla* Roxb.
东京紫玉盘 *Uvaria tonkinensis* Finet & Gagnep.

8. 莲叶桐科 Hernandiaceae

（25）青藤属 *Illigera* Blume
香青藤 *Illigera aromatica* S. Z. Huang & S. L. Mo
红花青藤 *Illigera rhodantha* Hance

9. 樟科 Lauraceae

（26）厚壳桂属 *Cryptocarya* R. Br.
丛花厚壳桂 *Cryptocarya densiflora* Blume
海南厚壳桂 *Cryptocarya hainanensis* Merr.
南烛厚壳桂 *Cryptocarya lyoniifolia* S. K. Lee & F. N. Wei
（27）黄肉楠属 *Actinodaphne* Nees
黔桂黄肉楠 *Actinodaphne kweichowensis* Yen C. Yang & P. H. Huang
毛黄肉楠 *Actinodaphne pilosa*（Lour.）Merr.
（28）莲桂属 *Dehaasia* Blume
莲桂 *Dehaasia hainanensis* Kosterm.

（29）檬果樟属 *Caryodaphnopsis* Airy Shaw
檬果樟 *Caryodaphnopsis tonkinensis*（Lecomte）Airy Shaw
老挝檬果樟 *Caryodaphnopsis laotica* Airy Shaw
（30）木姜子属 *Litsea* Lam.
五桠果叶木姜子 *Litsea dilleniifolia* P. Y. Pai & P. H. Huang
黄丹木姜子 *Litsea elongata*（Wall. ex Ness）Benth. & Hook. f.
蜂窝木姜子 *Litsea foveola* Kosterm.
潺槁木姜子 *Litsea glutinosa*（Lour.）C. B. Rob.
假柿木姜子 *Litsea monopetala*（Roxb.）Pers.
豹皮樟 *Litsea coreana* var. *sinensis*（C. K. Allen）Yen C. Yang & P. H. Huang
伞花木姜子 *Litsea umbellata*（Lour.）Merr.
毛黄椿木姜子 *Litsea variabilis* var. *oblonga* Lecomte
（31）楠属 *Phoebe* Nees
石山楠 *Phoebe calcarea* S. K. Lee & F. N. Wei
粉叶楠 *Phoebe glaucophylla* H. W. Li
披针叶楠 *Phoebe lanceolata*（Wall. ex Nees）Nees
黑叶楠 *Phoebe nigrifolia* S. K. Lee & F. N. Wei
（32）琼楠属 *Beilschmiedia* Nees
雅安琼楠 *Beilschmiedia yaanica*（N. Chao）N. Chao
广东琼楠 *Beilschmiedia fordii* Dunn
糠秕琼楠 *Beilschmiedia furfuracea* Chun ex Hung T. Chang
纸叶琼楠 *Beilschmiedia pergamentacea* C. K. Allen
（33）润楠属 *Machilus* Nees
薄叶润楠 *Machilus leptophylla* Hand.-Mazz.
粗壮润楠 *Machilus robusta* W. W. Sm.
黄枝润楠 *Machilus versicolora* S. K. Lee & F. N. Wei
（34）山胡椒属 *Lindera* Thunb.
香叶树 *Lindera communis* Hemsl.
广东山胡椒 *Lindera kwangtungensis*（H. Liu）C. K. Allen
（35）土楠属 *Endiandra* R. Br.
长果土楠 *Endiandra dolichocarpa* S. K. Lee & Y. T. Wei
（36）新木姜子属 *Neolitsea* Merr.
海南新木姜子 *Neolitsea hainanensis* Yen C. Yang & P. H. Huang
美丽新木姜子 *Neolitsea pulchella*（Meisn.）Merr.
南亚新木姜子 *Neolitsea zeylanica*（Nees & T. Nees）Merr.

（37）桂属 *Cinnamomum* Fabr.

阴香 *Cinnamomum burmanni*（Nees & T. Nees）Blume

软皮桂 *Cinnamomum liangii* C. K. Allen

屏边桂 *Cinnamomum pingbienense* H. W. Li

岩樟 *Cinnamomum saxatile* H. W. Li

川桂 *Cinnamomum wilsonii* Gamble

10. 金粟兰科 Chloranthaceae

（38）金粟兰属 *Chloranthus* Sw.

鱼子兰 *Chloranthus erectus*（Buch.-Ham.）Verdc.

11. 天南星科 Araceae

（39）大薸属 *Pistia* L.

大薸 *Pistia stratiotes* L.

（40）大野芋属 *Leucocasia* Schott

大野芋 *Leucocasia gigantea*（Blume）Schott

（41）广东万年青属 *Aglaonema* Schott

广东万年青 *Aglaonema modestum* Schott ex Engl.

越南万年青 *Aglaonema simplex*（Blume）Blume

（42）海芋属 *Alocasia*（Schott）G. Don

尖尾芋 *Alocasia cucullata*（Lour.）Schott

海芋 *Alocasia odora*（Roxb.）K. Koch

（43）犁头尖属 *Typhonium* Schott

犁头尖 *Typhonium blumei* Nicolson & Sivad.

鞭檐犁头尖 *Typhonium flagelliforme*（Lodd.）Blume

（44）魔芋属 *Amorphophallus* Blume ex Decne.

珠芽魔芋 *Amorphophallus bulbifer*（Roxb.）Blume

南蛇棒 *Amorphophallus dunnii* Tutcher

魔芋 *Amorphophallus konjac* K. Koch

野魔芋 *Amorphophallus variabilis* Blume

滇魔芋 *Amorphophallus yunnanensis* Engl.

（45）麒麟叶属 *Epipremnum* Schott

麒麟叶 *Epipremnum pinnatum*（L.）Engl.

（46）千年健属 *Homalomena* Schott

千年健 *Homalomena occulta*（Lour.）Schott

（47）石柑属 *Pothos* L.

石柑子 *Pothos chinensis*（Raf.）Merr.

长梗石柑 *Pothos kerrii* Buchet ex P. C. Boyce

百足藤 *Pothos repens*（Lour.）Druce

（48）藤芋属 *Scindapsus* Schott

海南藤芋 *Scindapsus maclurei*（Merr.）Merr. & F. P. Metcalf

（49）天南星属 *Arisaema* Mart.

黎婆花 *Arisaema hainanense* C. Y. Wu ex H. Li

红根南星 *Arisaema rubrirhizomatum* H. Li & J. Murata

三匹箭 *Arisaema petiolulatum* Hook. f.

（50）崖角藤属 *Rhaphidophora* Hassk.

爬树龙 *Rhaphidophora decursiva*（Roxb.）Schott

狮子尾 *Rhaphidophora hongkongensis* Schott

毛过山龙 *Rhaphidophora hookeri* Schott

（51）芋属 *Colocasia* Schott

野芋 *Colocasia antiquorum* Schott

（52）紫萍属 *Spirodela* Schleid.

紫萍 *Spirodela polyrhiza*（L.）Schleid.

12. 泽泻科 Alismataceae

（53）慈姑属 *Sagittaria* L.

野慈姑 *Sagittaria trifolia* L.

13. 眼子菜科 Potamogetonaceae

（54）眼子菜属 *Potamogeton* L.

竹叶眼子菜 *Potamogeton wrightii* Morong

14. 薯蓣科 Dioscoreaceae

（55）裂果薯属 *Schizocapsa* Hance

裂果薯 *Schizocapsa plantaginea* Hance

（56）蒟蒻薯属 *Tacca* J. R. Forst. & G. Forst.

箭根薯 *Tacca chantrieri* André

（57）薯蓣属 *Dioscorea* L.

参薯 *Dioscorea alata* L.

黄独 *Dioscorea bulbifera* L.
山葛薯 *Dioscorea chingii* Prain & Burkill
七叶薯蓣 *Dioscorea esquirolii* Prain & Burkill
光叶薯蓣 *Dioscorea glabra* Roxb.
白薯茛 *Dioscorea hispida* Dennst.
五叶薯蓣 *Dioscorea pentaphylla* L.
褐苞薯蓣 *Dioscorea persimilis* Prain & Burkill
云南薯蓣 *Dioscorea yunnanensis* Prain & Burkill
日本薯蓣 *Dioscorea japonica* Thunb.

15. 百部科 Stemonaceae

（58）百部属 *Stemona* Lour.
大百部 *Stemona tuberosa* Lour.

16. 露兜树科 Pandanaceae

（59）露兜树属 *Pandanus* Parkinson
露兜树 *Pandanus tectorius* Parkinson

17. 藜芦科 Melanthiaceae

（60）重楼属 *Paris* L.
具柄重楼 *Paris fargesii* var. *petiolata*（Baker ex C. H. Wright）F. T. Wang & Tang
南重楼 *Paris vietnamensis*（Takht.）H. Li

18. 菝葜科 Smilacaceae

（61）菝葜属 *Smilax* L.
短柱肖菝葜 *Smilax septemnervia*（F. T. Wang & Tang）P. Li & C. X. Fu
灰叶菝葜 *Smilax astrosperma* F. T. Wang & Tang
圆锥菝葜 *Smilax bracteata* C. Presl
菝葜 *Smilax china* L.
筐条菝葜 *Smilax corbularia* Kunth
土茯苓 *Smilax glabra* Roxb.
粉背菝葜 *Smilax hypoglauca* Benth.
抱茎菝葜 *Smilax ocreata* A. DC.
牛尾菜 *Smilax riparia* A. DC.
云南肖菝葜 *Smilax binchuanensis* P. Li & C. X. Fu

19. 百合科 Liliaceae

（62）百合属 *Lilium* L.
野百合 *Lilium brownii* F. E. Br. ex Miellez

20. 兰科 Orchidaceae

（63）柄唇兰属 *Podochilus* Blume
柄唇兰 *Podochilus khasianus* Hook. f.
（64）白点兰属 *Thrixspermum* Lour.
白点兰 *Thrixspermum centipeda* Lour.
（65）脆兰属 *Acampe* Lindl.
多花脆兰 *Acampe rigida*（Buch. -Ham. ex Sm.）P. F. Hunt
（66）钗子股属 *Luisia* Gaudich.
钗子股 *Luisia morsei* Rolfe
（67）叉柱兰属 *Cheirostylis* Blume
云南叉柱兰 *Cheirostylis yunnanensis* Rolfe
（68）长足兰属 *Pteroceras* Hasselt ex Hassk.
滇越长足兰 *Pteroceras simondianum*（Gagnep.）Aver.
（69）地宝兰属 *Geodorum* Jacks.
地宝兰 *Geodorum densiflorum*（Lam.）Schltr.
大花地宝兰 *Geodorum attenuatum* Griff.
（70）兜兰属 *Paphiopedilum* Pfitzer
同色兜兰 *Paphiopedilum concolor*（Bateman）Pfitzer
巧花兜兰 *Paphiopedilum helenae* Aver.
（71）虎舌兰属 *Epipogium* Gmelin ex Borkhausen
虎舌兰 *Epipogium roseum*（D. Don）Lindl.
（72）万代兰属 *Vanda* Jones ex R. Br.
广东万代兰 *Vanda fuscoviridis* Lindl.
琴唇万代兰 *Vanda concolor* Blume
（73）拟万代兰属 *Vandopsis* Pfitzer
拟万代兰 *Vandopsis gigantea*（Lindl.）Pfitzer
（74）带唇兰属 *Tainia* Blume
南方带唇兰 *Tainia ruybarrettoi*（S. Y. Hu & Barretto）Z. H. Tsi
（75）隔距兰属 *Cleisostoma* Blume
大序隔距兰 *Cleisostoma paniculatum*（Ker- Gawl.）Garay

尖喙隔距兰 *Cleisostoma rostratum*（Lodd. ex Lind.）Garay

红花隔距兰 *Cleisostoma williamsonii*（Rchb. F.）Garay

角唇隔距兰 *Cleisostoma tricornutum* Averyanov

勐海隔距兰 *Cleisostoma menghaiense* Z. H. Tsi

（76）鹤顶兰属 *Phaius* Lour.

鹤顶兰 *Phaius tancarvilleae*（L'Héritier）Blume

中越鹤顶兰 *Phaius tonkinensis*（Aver.）Aver.

（77）蛤兰属 *Conchidium* Griff.

菱唇蛤兰 *Conchidium rhomboidale*（Tang & F. T. Wang）S. C. Chen & J. J. Wood

（78）火焰兰属 *Renanthera* Lour.

火焰兰 *Renanthera coccinea* Lour.

（79）金石斛属 *Flickingeria* Hawkes

流苏金石斛 *Flickingeria fimbriata*（Blume）Hawkes

（80）寄树兰属 *Robiquetia* Gaudich.

寄树兰 *Robiquetia succisa*（Lindl.）Seidenf. & Garay

（81）鹿角兰属 *Pomatocalpa* Breda

鹿角兰 *Pomatocalpa spicatum* Breda

（82）菱兰属 *Rhomboda* Lindl.

艳丽菱兰 *Rhomboda moulmeinensis*（E. C. Parish & Rchb. f.）Ormer.

（83）兰属 *Cymbidium* Sw.

纹瓣兰 *Cymbidium aloifolium*（L.）Sw.

兔耳兰 *Cymbidium lancifolium* Hook.

硬叶兰 *Cymbidium mannii* Rchb. f.

（84）毛兰属 *Eria* Lindl.

半柱毛兰 *Eria corneri* Rchb. F.

（85）拟线柱兰属 *Zeuxinella* Aver.

拟线柱兰 *Zeuxinella vietnamica*（Aver.）Aver.

（86）盆距兰属 *Gastrochilus* D. Don

无茎盆距兰 *Gastrochilus obliquus*（Lindl.）Kuntze

（87）钳唇兰属 *Erythrodes* Blume

钳唇兰 *Erythrodes blumei*（Lindl.）Schltr.

（88）双唇兰属 *Didymoplexis* Griff.

广西双唇兰 *Didymoplexis vietnamica* Ormerod

（89）石豆兰属 *Bulbophyllum* Thouars

梳帽卷瓣兰 *Bulbophyllum andersonii*（Hook. f.）J. J. Sm.

直唇卷瓣兰 *Bulbophyllum delitescens* Hance
等萼卷瓣兰 *Bulbophyllum violaceolabellum* Seidenf.
（90）石斛属 *Dendrobium* Sw.
叠鞘石斛 *Dendrobium denneanum* Kerr
束花石斛 *Dendrobium chrysanthum* Lindl.
流苏石斛 *Dendrobium fimbriatum* Hook.
聚石斛 *Dendrobium lindleyi* Steud.
美花石斛 *Dendrobium loddigesii* Rolfe
钩状石斛 *Dendrobium aduncum* Wall. ex Lindl.
檀香石斛 *Dendrobium anosmum* Lindl.
（91）蛇舌兰属 *Diploprora* Hook. f.
蛇舌兰 *Diploprora championii*（Lindl.）Hook. f.
（92）石仙桃属 *Pholidota* Lindl. ex Hook.
石仙桃 *Pholidota chinensis* Lindl.
单叶石仙桃 *Pholidota leveilleana* Schltr.
（93）坛花兰属 *Acanthephippium* Blume
坛花兰 *Acanthephippium sylhetense* Lindl.
（94）无耳沼兰属 *Dienia* Lindl.
无耳沼兰 *Dienia ophrydis*（J. Koenig）Seidenf.
（95）虾脊兰属 *Calanthe* R. Br.
密花虾脊兰 *Calanthe densiflora* Lindl.
弄岗虾脊兰 *Calanthe longgangensis* Y. S. Huang & Yan Liu
镰萼虾脊兰 *Calanthe puberula* Lindl.
三褶虾脊兰 *Calanthe triplicata*（Willemet）Ames
银带虾脊兰 *Calanthe argenteostriata* C. Z. Tang & S. J. Cheng
（96）香荚兰属 *Vanilla* Plum. ex Mill.
南方香荚兰 *Vanilla annamica* Gagnep.
大香荚兰 *Vanilla siamensis* Rolfe ex Downie
台湾香荚兰 *Vanilla somae* Hayata
（97）线柱兰属 *Zeuxine* Lindl.
芳线柱兰 *Zeuxine nervosa*（Lindl.）Trimen
（98）羽唇兰属 *Ornithochilus*（Lindl.）Wall. ex Benth.
羽唇兰 *Ornithochilus difformis*（Wall. ex Lindl.）Schltr.
（99）羊耳蒜属 *Liparis* Rich.
大花羊耳蒜 *Liparis distans* C. B. Clarke

见血青 *Liparis nervosa*（Thunb. ex A. Murray）Lindl.
长茎羊耳蒜 *Liparis viridiflora*（Blume）Lindl.
羊耳蒜 *Liparis campylostalix* Rchb. f.
（100）玉凤花属 *Habenaria* Willd.
毛葶玉凤花 *Habenaria ciliolaris* Kraenzl.
鹅毛玉凤花 *Habenaria dentata*（Sw.）Schltr.
宽叶玉凤花 *Habenaria lindleyana* Steud.
（101）芋兰属 *Nervilia* Comm. ex Gaudich.
毛唇芋兰 *Nervilia fordii*（Hance）Schltr.
毛叶芋兰 *Nervilia plicata*（Andr.）Schltr.
（102）鸢尾兰属 *Oberonia* Lindl.
剑叶鸢尾兰 *Oberonia ensiformis*（J. E. Sm.）Lindl.
广西鸢尾兰 *Oberonia kwangsiensis* Seidenf.
短耳鸢尾兰 *Oberonia falconeri* Hook. f.
（103）异型兰属 *Chiloschista* Lindl.
异型兰 *Chiloschista yunnanensis* Schltr.
（104）足宝兰属 *Salacistis* Rchb. f.
烟色足宝兰 *Salacistis fumata*（Thwaites）M. C. Pace
红花足宝兰 *Salacistis rubicunda*（Blume）M. C. Pace
（105）竹茎兰属 *Tropidia* Lindl.
阔叶竹茎兰 *Tropidia angulosa*（Lindl.）Blume
（106）指甲兰属 *Aerides* Lour.
多花指甲兰 *Aerides rosea* Lodd. ex Lindl. & Paxton
（107）沼兰属 *Crepidium* Blume
美叶沼兰 *Crepidium calophyllum*（Rchb. f.）Szlach.
（108）蜘蛛兰属 *Arachnis* Blume
窄唇蜘蛛兰 *Arachnis labrosa*（Lindl. & Paxton）Rchb. f.

21. 仙茅科 Hypoxidaceae

（109）仙茅属 *Curculigo* Gaern.
短葶仙茅 *Curculigo breviscapa* S. C. Chen
大叶仙茅 *Curculigo capitulata*（Lour.）Kuntze
光叶仙茅 *Curculigo glabrescens*（Ridl.）Merr.
仙茅 *Curculigo orchioides* Gaertn.

22. 鸢尾科 Iridaceae

（110）红葱属 *Eleutherine* Herb.
红葱 *Eleutherine plicata* Herb.

23. 阿福花科 Asphodelaceae

（111）山菅兰属 *Dianella* Lam. ex Juss.
山菅兰 *Dianella ensifolia*（L.）DC.

24. 石蒜科 Amaryllidaceae

（112）文殊兰属 *Crinum* L.
文殊兰 *Crinum asiaticum* var. *sinicum*（Roxb. ex Herb.）Baker

25. 天门冬科 Asparagaceae

（113）长柱开口箭属 *Tupistra* Ker Gawl.
长穗开口箭 *Tupistra longispica* Y. Wan & X. H. Lu
红柱开口箭 *Tupistra cardinalis* Aver., N. Tanaka & Son
（114）吊兰属 *Chlorophytum* Ker Gawl.
大叶吊兰 *Chlorophytum malayense* Ridley
（115）虎尾兰属 *Sansevieria* Thunb.
虎尾兰 *Sansevieria trifasciata* Prain
（116）黄精属 *Polygonatum* Mill.
多花黄精 *Polygonatum cyrtonema* Hua
节根黄精 *Polygonatum nodosum* Hua
（117）龙血树属 *Dracaena* Vand. ex L.
剑叶龙血树 *Dracaena cochinchinensis*（Lour.）S. C. Chen
（118）球子草属 *Peliosanthes* Andrews
大盖球子草 *Peliosanthes macrostegia* Hance
匍匐球子草 *Peliosanthes sinica* F. T. Wang & Tang
簇花球子草 *Peliosanthes teta* Andr.
（119）山麦冬属 *Liriope* Lour.
短莛山麦冬 *Liriope muscari*（Decne.）L. H. Bailey
阔叶山麦冬 *Liriope platyphylla*（Decne.）L. H.
山麦冬 *Liriope spicata*（Thunb.）Lour.

（120）天门冬属 *Asparagus* L.

天门冬 *Asparagus cochinchinensis*（Lour.）Merr.

（121）沿阶草属 *Ophiopogon* Ker Gawl.

长茎沿阶草 *Ophiopogon chingii* F. T. Wang & Tang

棒叶沿阶草 *Ophiopogon clavatus* C. H. Wright ex Oliv.

间型沿阶草 *Ophiopogon intermedius* D. Don

剑叶沿阶草 *Ophiopogon jaburan*（Kunth）Lodd.

丽叶沿阶草 *Ophiopogon marmoratus Pierre* ex Rodrig.

宽叶沿阶草 *Ophiopogon platyphyllus* Merr. & Chun

狭叶沿阶草 *Ophiopogon stenophyllus*（Merr.）Rodrig.

多花沿阶草 *Ophiopogon tonkinensis* Rodrig.

麦冬 *Ophiopogon japonicus*（L. f.）Ker Gawl.

厚叶沿阶草 *Ophiopogon corifolius* Wang & Dai

（122）蜘蛛抱蛋属 *Aspidistra* Ker Gawl.

长药蜘蛛抱蛋 *Aspidistra dolichanthera* X. X. Chen

小花蜘蛛抱蛋 *Aspidistra minutiflora* Stapf

石山蜘蛛抱蛋 *Aspidistra saxicola* Y. Wan

辐花蜘蛛抱蛋 *Aspidistra subrotata* Y. Wan & C. C. Huang

大花蜘蛛抱蛋 *Aspidistra tonkinensis*（Gagnep.）F. T. Wang & K. Y. Lang

卵叶蜘蛛抱蛋 *Aspidistra typica* Baill.

歪盾蜘蛛抱蛋 *Aspidistra obliquipeltata* D. Fang & L. Y. Yu

乳突蜘蛛抱蛋 *Aspidistra papillata* G. Z. Li

弄岗蜘蛛抱蛋 *Aspidistra longgangensis* C. R. lin，Y. S. Huang & Yan Liu

卵药蜘蛛抱蛋 *Aspidistra ovatianthera* C. R. Lin & Y. S. Huang

龙州蜘蛛抱蛋 *Aspidistra longzhouensis* C. R. Lin, T. Meng & Yan Liu

九龙盘 *Aspidistra lurida* Ker Gawl.

（123）竹根七属 *Disporopsis* Hance

竹根七 *Disporopsis fuscopicta* Hance

长叶竹根七 *Disporopsis longifolia* Craib

26. 棕榈科 Arecaceae

（124）桄榔属 *Arenga* Labill.

桄榔 *Arenga westerhoutii* Griff.

（125）省藤属 *Calamus* L.

滇南省藤 *Calamus henryanus* Becc.

省藤 *Calamus salicifolius* Becc.

单叶省藤 *Calamus simplicifolius* C. F. Wei

白藤 *Calamus tetradactylus* Hance

电白省藤 *Calamus dianbaiensis* C. F.Wei

（126）鱼尾葵属 *Caryota* L.

短穗鱼尾葵 *Caryota mitis* Lour.

单穗鱼尾葵 *Caryota monostachya* Becc.

董棕 *Caryota obtusa* Griff.

（127）石山棕属 *Guihaia* J. Dransf., S. K. Lee & F. N. Wei

石山棕 *Guihaia argyrata*（S. K. Lee & F. N. Wei）S. K. Lee, F. N. Wei & J. Dransf.

两广石山棕 *Guihaia grossifibrosa*（Gagnep.）J. Dransf., S. K. Lee & F. N. Wei

（128）蒲葵属 *Livistona* R. Br.

蒲葵 *Livistona chinensis*（Jacq.）R. Br. ex Mart.

（129）棕竹属 *Rhapis* L. f. ex Aiton

棕竹 *Rhapis excelsa*（Thunb.）A. Henry

多裂棕竹 *Rhapis multifida* Burret

粗棕竹 *Rhapis robusta* Burret

27. 鸭跖草科 Commelinaceae

（130）穿鞘花属 *Amischotolype* Hassk.

穿鞘花 *Amischotolype hispida*（A. Rich.）D. Y. Hong

（131）杜若属 *Pollia* Thunb.

长花枝杜若 *Pollia secundiflora*（Blume）Bakh. f.

杜若 *Pollia japonica* Thunb.

大杜若 *Pollia hasskarlii* R. S. Rao

川杜若 *Pollia miranda*（H. Lév.）H. Hara

（132）假紫万年青属 *Belosynapsis* Hassk.

假紫万年青 *Belosynapsis ciliata*（Blume）R. S. Rao

（133）聚花草属 *Floscopa* Lour.

聚花草 *Floscopa scandens* Lour.

（134）蓝耳草属 *Cyanotis* D. Don

四孔草 *Cyanotis cristata*（L.）D. Don

（135）水竹叶属 *Murdannia* Royle

大苞水竹叶 *Murdannia bracteata*（C. B. Clarke）J. K. Morton ex D. Y. Hong

（136）鸭跖草属 *Commelina* L.

饭包草 *Commelina benghalensis* L.

鸭跖草 *Commelina communis* L.

（137）紫露草属 *Tradescantia* L.

吊竹梅 *Tradescantia zebrina* Bosse

28. 雨久花科 Pontederiaceae

（138）凤眼莲属 *Eichhornia* Kunth

凤眼莲 *Eichhornia crassipes*（Mart.）Solms

29. 芭蕉科 Musaceae

（139）芭蕉属 *Musa* L.

大蕉 *Musa* × *paradisiaca* L.

野蕉 *Musa balbisiana* Colla

30. 竹芋科 Marantaceae

（140）柊叶属 *Phrynium* Willd.

尖苞柊叶 *Phrynium placentarium*（Lour.）Merr.

（141）竹芋属 *Maranta* L.

竹芋 *Maranta arundinacea* L.

31. 闭鞘姜科 Costaceae

（142）宝塔姜属 *Costus* L.

光叶闭鞘姜 *Costus tonkinensis* Gagnep.

32. 姜科 Zingiberaceae

（143）山姜属 *Alpinia* Roxb.

长柄山姜 *Alpinia kwangsiensis* T. L. Wu & S. J. Chen

假益智 *Alpinia maclurei* Merr.

多花山姜 *Alpinia polyantha* D. Fang

滑叶山姜 *Alpinia tonkinensis* Gagnep.

艳山姜 *Alpinia zerumbet*（Pers.）B. L. Burtt & R. M. Sm.

香姜 *Alpinia coriandriodora* D. Fang

（144）豆蔻属 *Amomum* Roxb.

长花豆蔻 *Amomum dolichanthum* D. Fang

长序砂仁 *Amomum gagnepainii* T. L. Wu & al.

长柄豆蔻 *Amomum longipetiolatum* Merr.

砂仁 *Amomum villosum* Lour.

（145）姜花属 *Hedychium* J. Koenig

小花姜花 *Hedychium sinoaureum* Stapf

草果药 *Hedychium spicatum* Buch.-Ham. ex Sm.

（146）山柰属 *Kaempferia* L.

海南三七 *Kaempferia rotunda* L.

山柰 *Kaempferia galanga* L.

（147）姜属 *Zingiber* Boehm.

蘘荷 *Zingiber mioga*（Thunb.）Roscoe

阳荷 *Zingiber striolatum* Diels

红球姜 *Zingiber zerumbet*（L.）Roscoe ex Sm.

33. 莎草科 Cyperaceae

（148）擂鼓簕属 *Mapania* Aubl.

单穗擂鼓簕 *Mapania wallichiana* C. B. Clarke

（149）飘拂草属 *Fimbristylis* Vahl

知风飘拂草 *Fimbristylis eragrostis*（Nees）Hance

西南飘拂草 *Fimbristylis thomsonii* Boeckeler

（150）莎草属 *Cyperus* L.

水莎草 *Cyperus serotinus* Rottb.

莎状砖子苗 *Cyperus cyperinusc* Retz.）Valck. Sur.

砖子苗 *Cyperus cyperoides*（L.）Kuntze

（151）水蜈蚣属 *Kyllinga* Rottb.

短叶水蜈蚣 *Kyllinga brevifolia* Rottb.

无刺鳞水蜈蚣 *Kyllinga brevifolia* var. *leiolepis*（Franch. & Sav.）H. Hara

单穗水蜈蚣 *Kyllinga nemoralis*（J. R. Forst. & G. Forst.）Dandy ex Hatch. & Dalziel

（152）薹草属 *Carex* L.

褐果薹草 *Carex brunnea* Thunb.

陈氏薹草 *Carex cheniana* Tang & F. T. Wang ex S. Yun Liang

十字薹草 *Carex cruciata* Wahlenb.

隐穗薹草 *Carex cryptostachys* Brongn.

二形鳞薹草 *Carex dimorpholepis* Steud.

蕨状薹草 *Carex filicina* Nees

长囊薹草 *Carex harlandii* Boott
套鞘薹草 *Carex maubertiana* Boott
芒尖鳞薹草 *Carex tenebrosa* Boott
中华薹草 *Carex chinensis* Retz.

34. 禾本科 Poaceae

（153）白茅属 *Imperata* Cyrillo
白茅 *Imperata cylindrica*（L.）P. Beauv.
大白茅 *Imperata cylindrica* var. *major*（Nees）C. E. Hubb.
（154）稗属 *Echinochloa* P. Beauv.
光头稗 *Echinochloa colona*（L.）Link
西来稗 *Echinochloa crus-galli* var. *zelayensis*（Kunth）Hitchcock
（155）臂形草属 *Brachiaria*（Trin.）Griseb.
毛臂形草 *Brachiaria villosa*（Lam.）A. Camus
臂形草 *Brachiaria eruciformis*（Sm.）Griseb.
（156）大节竹属 *Indosasa* McClure
毛算盘竹 *Indosasa glabrata* var. *albohispidula*（Q. H. Dai & C. F. Huang）C. S. Chao & C. D. Chu
（157）大油芒属 *Spodiopogon* Trin.
竹油芒 *Spodiopogon bambusoides*（P. C. Keng）S. M. Phillips & S. L. Chen
（158）淡竹叶属 *Lophatherum* Brongn.
淡竹叶 *Lophatherum gracile* Brongn.
（159）钝叶草属 *Stenotaphrum* Trin.
钝叶草 *Stenotaphrum helferi* Munro ex Hook. f.
（160）甘蔗属 *Saccharum* L.
斑茅 *Saccharum arundinaceum* Retz.
甜根子草 *Saccharum spontaneum* L.
河八王 *Saccharum narenga*（Nees ex Steud.）Wall. ex Hack.
（161）刚竹属 *Phyllostachys* Siebold & Zucc.
桂竹 *Phyllostachys reticulata*（Rupr.）K. Koch
（162）高粱属 *Sorghum* Moench
光高粱 *Sorghum nitidum*（Vahl）Pers.
（163）弓果黍属 *Cyrtococcum* Stapf
尖叶弓果黍 *Cyrtococcum oxyphyllum*（Hochst. ex Steud.）Stapf
弓果黍 *Cyrtococcum patens*（L.）A. Camus

（164）狗牙根属 *Cynodon* Rich.
狗牙根 *Cynodon dactylon*（L.）Persoon
（165）黄茅属 *Heteropogon* Pers.
黄茅 *Heteropogon contortus*（L.）P. Beauv. ex Roemer & Schult.
（166）假稻属 *Leersia* Sol. & Swartz
李氏禾 *Leersia hexandra* Sw.
（167）菅属 *Themeda* Forssk.
黄背草 *Themeda triandra* Forssk.
菅 *Themeda villosa*（Poir.）A. Camus
（168）金须茅属 *Chrysopogon* Trin.
竹节草 *Chrysopogon aciculatus*（Retz.）Trin.
（169）荩草属 *Arthraxon* P. Beauv.
荩草 *Arthraxon hispidus*（Thunb.）Makino
矛叶荩草 *Arthraxon prionodes*（Steud.）Dandy
（170）孔颖草属 *Bothriochloa* Kuntze
臭根子草 *Bothriochloa bladhii*（Retz.）S. T. Blake
（171）苦竹属 *Pleioblastus* Nakai
苦竹 *Pleioblastus amarus*（Keng）P. C. Keng
（172）狼尾草属 *Pennisetum* Rich.
狼尾草 *Pennisetum alopecuroides*（L.）Spreng.
（173）簕竹属 *Bambusa* Schreb.
鸡窦簕竹 *Bambusa funghomii* McClure
绿竹 *Bambusa oldhamii* Munro
（174）类芦属 *Neyraudia* Hook. f.
类芦 *Neyraudia reynaudiana*（Kunth）Keng ex Hitchc.
（175）柳叶箬属 *Isachne* R. Br.
柳叶箬 *Isachne globosa*（Thunb.）Kuntze
（176）马唐属 *Digitaria* Haller
紫马唐 *Digitaria violascens* Link
（177）芒属 *Miscanthus* Andersson
五节芒 *Miscanthus floridulus*（Labill.）Warburg ex K. Schumann
（178）牡竹属 *Dendrocalamus* Nees
麻竹 *Dendrocalamus latiflorus* Munro
（179）拟金茅属 *Eulaliopsis* Honda
拟金茅 *Eulaliopsis binata*（Retz.）C. E. Hubb.

（180）求米草属 *Oplismenus* P. Beauv.

云南竹叶草 *Oplismenus patens* var. *yunnanensis* S. L. Chen & Y. X. Jin

求米草 *Oplismenus undulatifolius*（Ard.）Roemer & Schuit.

（181）球穗草属 *Hackelochloa* Kuntze

球穗草 *Hackelochloa granularis*（L.）Kuntze

（182）雀稗属 *Paspalum* L.

圆果雀稗 *Paspalum scrobiculatum* var. *orbiculare*（G. Forst.）Hack.

两耳草 *Paspalum conjugatum* Bergius

长叶雀稗 *Paspalum longifolium* Roxb.

（183）䅟属 *Eleusine* Gaertn.

牛筋草 *Eleusine indica*（L.）Gaertn.

（184）黍属 *Panicum* L.

糠稷 *Panicum bisulcatum* Thunb.

心叶稷 *Panicum notatum* Retz.

（185）鼠尾粟属 *Sporobolus* R. Br.

鼠尾粟 *Sporobolus fertilis*（Steud.）Clayton

（186）水蔗草属 *Apluda* L.

水蔗草 *Apluda mutica* L.

（187）思簩竹属 *Schizostachyum* Nees

思簩竹 *Schizostachyum pseudolima* McClure

（188）酸模芒属 *Centotheca* Desv.

酸模芒 *Centotheca lappacea*（L.）Desv.

（189）筒轴茅属 *Rottboellia* L. f.

筒轴茅 *Rottboellia cochinchinensis*（Lour.）Clayton

（190）细柄草属 *Capillipedium* Stapf

细柄草 *Capillipedium parviflorum*（R. Br.）Stapf

（191）鸭嘴草属 *Ischaemum* L.

田间鸭嘴草 *Ischaemum rugosum* Salisb.

（192）野古草属 *Arundinella* Raddi

丈野古草 *Arundinella decempedalis*（Kuntze）Janowski

石芒草 *Arundinella nepalensis* Trin.

（193）薏苡属 *Coix* L.

薏苡 *Coix lacryma-jobi* L.

（194）莠竹属 *Microstegium* Nees

蔓生莠竹 *Microstegium fasciculatum*（L.）Henrard

（195）越南竹属 *Bonia* Balansa
芸香竹 *Bonia amplexicaulis*（L. C. Chia & al.）N. H. Xia
单枝竹 *Bonia saxatilis*（L. C. Chia & al.）N. H. Xia
（196）粽叶芦属 *Thysanolaena* Nees
粽叶芦 *Thysanolaena latifolia*（Roxb. ex Hornem.）Honda

35. 罂粟科 Papaveraceae

（197）紫堇属 *Corydalis* DC.
北越紫堇 *Corydalis balansae* Prain

36. 木通科 Lardizabalaceae

（198）大血藤属 *Sargentodoxa* Rehder & E. H. Wilson
大血藤 *Sargentodoxa cuneata*（Oliv.）Rehder & E. H. Wilson

37. 防己科 Menispermaceae

（199）秤钩风属 *Diploclisia* Miers
苍白秤钩风 *Diploclisia glaucescens*（Blume）Diels
（200）大叶藤属 *Tinomiscium* Miers ex Hook. f. & Thomson
大叶藤 *Tinomiscium petiolare* Hook. f. & Thomson
（201）风龙属 *Sinomenium* Diels
风龙 *Sinomenium acutum*（Thunb.）Rehder & E. H. Wilson
（202）连蕊藤属 *Parabaena* Miers
连蕊藤 *Parabaena sagittata* Miers
（203）轮环藤属 *Cyclea* Arn. & Wight
粉叶轮环藤 *Cyclea hypoglauca*（Schauer）Diels
弄岗轮环藤 *Cyclea longgangensis* J. Y. Luo
南轮环藤 *Cyclea tonkinensis* Gagnep.
（204）密花藤属 *Pycnarrhena* Miers ex Hook. f. & Thomson
密花藤 *Pycnarrhena lucida*（Teijsm. & Binn.）Miq.
（205）木防己属 *Cocculus* DC.
樟叶木防己 *Cocculus laurifolius* DC.
木防己 *Cocculus orbiculatus*（L.）DC.
（206）千金藤属 *Stephania* Lour.
金线吊乌龟 *Stephania cephalantha* Hayata

广西地不容 *Stephania kwangsiensis* H. S. Lo
桂南地不容 *Stephania kuinanensis* H. S. Lo & M. Yang
小花地不容 *Stephania micrantha* H. S. Lo & M. Yang
汝兰 *Stephania sinica* Diels
小叶地不容 *Stephania succifera* H. S. Lo & Y. Tsoong
粪箕笃 *Stephania longa* Lour.
（207）青牛胆属 *Tinospora* Miers
青牛胆 *Tinospora sagittata*（Oliv.）Gagnep.
中华青牛胆 *Tinospora sinensis*（Lour.）Merr.
（208）天仙藤属 *Fibraurea* Lour.
天仙藤 *Fibraurea recisa* Pierre
（209）细圆藤属 *Pericampylus* Miers
细圆藤 *Pericampylus glaucus*（Lam.）Merr.

38. 毛茛科 Ranunculaceae

（210）翠雀属 *Delphinium* L.
还亮草 *Delphinium anthriscifolium* Hance
（211）毛茛属 *Ranunculus* L.
毛茛 *Ranunculus japonicus* Thunb.
（212）铁线莲属 *Clematis* L.
钝齿铁线莲 *Clematis apiifolia* var. *argentilucida*（H. Lév. & Vaniot）W. T. Wang
小木通 *Clematis armandi* Franch.
短柱铁线莲 *Clematis cadmia* Buch.-Ham. ex Hook. f. & Thomson
山木通 *Clematis finetiana* H. Lév. & Vaniot
威灵仙 *Clematis chinensis* Osbeck
锈毛铁线莲 *Clematis leschenaultiana* DC.
丝铁线莲 *Clematis loureiroana* DC.
沙叶铁线莲 *Clematis meyeniana* var. *granulata* Finet & Gagnep.
钝萼铁线莲 *Clematis peterae* Hand.-Mazz.
柱果铁线莲 *Clematis uncinata* Champ. & Benth.
毛柱铁线莲 *Clematis meyeniana* Walp.
（213）锡兰莲属 *Naravelia* DC.
两广锡兰莲 *Naravelia pilulifera* Hance

39. 清风藤科 Sabiaceae

（214）泡花树属 *Meliosma* Blume
光叶泡花树 *Meliosma cuneifolia* var. *glabriuscula* Cufod.
贵州泡花树 *Meliosma henryi* Diels
单叶泡花树 *Meliosma simplicifolia*（Roxb.）Walp.
（215）清风藤属 *Sabia* Colebr.
尖叶清风藤 *Sabia swinhoei* Hemsl.
柠檬清风藤 *Sabia limoniacea* Wall. ex Hook. f. & Thomson

40. 山龙眼科 Proteaceae

（216）假山龙眼属 *Heliciopsis* Sleumer
调羹树 *Heliciopsis lobata*（Merr.）Sleumer

41. 黄杨科 Buxaceae

（217）黄杨属 *Buxus* L.
狭叶杨梅黄杨 *Buxus myrica* var. *angustifolia* Gagnep.
狭叶黄杨 *Buxus stenophylla* Hance

42. 五桠果科 Dilleniaceae

（218）锡叶藤属 *Tetracera* L.
锡叶藤 *Tetracera sarmentosa*（L.）Vahl

43. 蕈树科 Altingiaceae

（219）枫香树属 *Liquidambar* L.
枫香树 *Liquidambar formosana* Hance

44. 金缕梅科 Hamamelidaceae

（220）秀柱花属 *Eustigma* Gardner & Champ.
褐毛秀柱花 *Eustigma balansae* Oliv.
秀柱花 *Eustigma oblongifolium* Gardner & Champ.
（221）蚊母树属 *Distylium* Siebold & Zucc.
杨梅叶蚊母树 *Distylium myricoides* Hemsl.

45. 虎皮楠科 Daphniphyllaceae

（222）虎皮楠属 *Daphniphyllum* Blume
牛耳枫 *Daphniphyllum calycinum* Benth.

46. 景天科 Crassulaceae

（223）落地生根属 *Bryophyllum* Salisb.
落地生根 *Bryophyllum pinnatum*（L. f.）Oken
（224）景天属 *Sedum* L.
佛甲草 *Sedum lineare* Thunb.

47. 葡萄科 Vitaceae

（225）蛇葡萄属 *Ampelopsis* Michx.
蛇葡萄 *Ampelopsis glandulosa*（Wall.）Momiy.
掌裂蛇葡萄 *Ampelopsis delavayana* var. *glabra*（Diels & Gilg）C. L. Li
光叶蛇葡萄 *Ampelopsis glandulosa* var. *hancei*（Planch.）Momiy.
异叶蛇葡萄 *Ampelopsis glandulosa* var. *heterophylla*（Thunb.）Momiy.
三裂蛇葡萄 *Ampelopsis delavayana* Planch.
（226）乌蔹莓属 *Causonis* Raf.
乌蔹莓 *Causonis japonica*（Thunb.）Raf.
毛乌蔹莓 *Causonis mollis*（Wall. ex M. A. Lawson）G. Parmar & J. Wen
（227）白粉藤属 *Cissus* L.
白粉藤 *Cissus repens* Lam.
四棱白粉藤 *Cissus subtetragona* Planch.
（228）火筒树属 *Leea* D. Royen ex L.
火筒树 *Leea indica*（Burm. F.）Merr.
（229）地锦属 *Parthenocissus* Planch.
绿叶地锦 *Parthenocissus laetevirens* Rehder
（230）崖爬藤属 *Tetrastigma*（Miq.）Planch.
草崖藤 *Tetrastigma apiculatum* Gagnep.
尾叶崖爬藤 *Tetrastigma caudatum* Merr. & Chun
茎花崖爬藤 *Tetrastigma cauliflorum* Merr.
红枝崖爬藤 *Tetrastigma erubescens* Planch.
三叶崖爬藤 *Tetrastigma hemsleyanum* Diels & Gilg

广西崖爬藤 *Tetrastigma kwangsiense* C. L. Li
扁担藤 *Tetrastigma planicaule*（Hook.）Gagnep.
毛脉崖爬藤 *Tetrastigma pubinerve* Merr. & Chun
柔毛网脉崖爬藤 *Tetrastigma retinervium* var. *pubescens* C. L. Li
狭叶崖爬藤 *Tetrastigma serrulatum*（Roxb.）Planch.
（231）葡萄属 *Vitis* L.
小果葡萄 *Vitis balansana* Planch.
桦叶葡萄 *Vitis betulifolia* Diels & Gilg
毛葡萄 *Vitis heyneana* Roem. & Schult.
葛藟葡萄 *Vitis flexuosa* Thunb.
绵毛葡萄 *Vitis retordii* Rom. Caill. ex Planch.
（232）大麻藤属 *Cayratia* Juss.
膝曲大麻藤 *Cayratia geniculata*（Blume）Gagnep.
（233）牛果藤属 *Nekemias* Raf.
牛果藤 *Nekemias cantoniensis*（Hook. & Arn.）J. Wen & Z. L. Nie
大叶牛果藤 *Nekemias megalophylla*（Diels & Gilg）J. Wen & Z. L. Nie

48. 豆科 Fabaceae

（234）猴耳环属 *Archidendron* F. Muell.
大棋子豆 *Archidendron eberhardtii* I. C. Nielsen
棋子豆 *Archidendron robinsonii*（Gagnep.）I. C. Nielsen
猴耳环 *Archidendron clypearia*（Jack）I. C. Nielsen
（235）牛蹄豆属 *Pithecellobium* Mart.
牛蹄豆 *Pithecellobium dulce*（Roxb.）Benth.
（236）金合欢属 *Vachellia* Wight & Arn.
金合欢 *Vachellia farnesiana*（L.）Wight & Arn.
（237）儿茶属 *Senegalia* Raf.
印度藤儿茶 *Senegalia pennata*（L.）Maslin
皱荚藤儿茶 *Senegalia rugata*（Lam.）Britton & Rose
（238）海红豆属 *Adenanthera* L.
海红豆 *Adenanthera microsperma* Teijsm. & Binn.
（239）合欢属 *Albizia* Durazz.
光叶合欢 *Albizia lucidior*（Steud.）Nielsen
楹树 *Albizia chinensis*（Osbeck）Merr.
山槐 *Albizia kalkora*（Roxb.）Prain

香合欢 *Albizia odoratissima*（L. f.）Benth.
（240）含羞草属 *Mimosa* L.
光荚含羞草 *Mimosa bimucronata*（DC.）Kuntze
含羞草 *Mimosa pudica* L.
（241）顶果树属 *Acrocarpus* Wight ex Arn.
顶果木 *Acrocarpus fraxinifolius* Wight ex Arn.
（242）火索藤属 *Phanera* Lour.
火索藤 *Phanera aurea*（H. Lév.）Mackinder & R. Clark
龙须藤 *Phanera championii* Benth.
绸缎藤 *Phanera hypochrysa*（T. C. Chen）Mackinder & R. Clark
红背叶火索藤 *Phanera rubrovillosa*（K. Larsen & S. S. Larsen）Mackinder & R. Clark
（243）羊蹄甲属 *Bauhinia* L.
红花羊蹄甲 *Bauhinia*×*blakeana* Dunn
褐毛羊蹄甲 *Bauhinia ornata* var. *kerrii*（Gagnep.）K. Larsen & S. S. Larsen
缅甸羊蹄甲 *Bauhinia ornata* Kurz
（244）首冠藤属 *Cheniella* R. Clark & Mackinder
孪叶首冠藤 *Cheniella didyma*（H. Y. Chen）R. Clark & Mackinder
囊托首冠藤 *Cheniella touranensis*（Gagnep.）R. Clark & Mackinder
（245）云实属 *Biancaea* Tod.
云实 *Biancaea decapetala*（Roth）O. Deg.
苏木 *Biancaea sappan*（L.）Tod.
（246）鹰叶刺属 *Guilandina* L.
鹰叶刺 *Guilandina bonduc* L.
喙荚鹰叶刺 *Guilandina minax*（Hance）G. P. Lewis
（247）南天藤属 *Ticanto* Adans.
大叶南天藤 *Ticanto magnifoliolata*（F. P. Metcalf）R. Clark & Gagnon
鸡嘴簕 *Ticanto sinensis*（Hemsl.）R. Clark & Gagnon
（248）决明属 *Senna* Mill.
决明 *Senna tora*（L.）Roxb.
望江南 *Senna occidentalis*（L.）Link
（249）山扁豆属 *Chamaecrista* Moench
含羞草山扁豆 *Chamaecrista mimosoides* Standl.
大叶山扁豆 *Chamaecrista leschenaultiana*（DC.）O. Deg.
柄腺山扁豆 *Chamaecrista pumila*（Lam.）K. Larsen

（250）凤凰木属 *Delonix* Raf.
凤凰木 *Delonix regia*（Bojer）Raf.
（251）皂荚属 *Gleditsia* L.
小果皂荚 *Gleditsia australis* F. B. Forbes & Hemsl.
华南皂荚 *Gleditsia fera*（Lour.）Merr.
石山皂荚 *Gleditsia saxatilis* Z. C. Lu
（252）仪花属 *Lysidice* Hance
仪花 *Lysidice rhodostegia* Hance
（253）老虎刺属 *Pterolobium* R. Br. ex Wight & Arn.
老虎刺 *Pterolobium punctatum* Hemsl.
（254）无忧花属 *Saraca* L.
中国无忧花 *Saraca dives* Pierre
（255）任豆属 *Zenia* Chun
任豆 *Zenia insignis* Chun
（256）猪腰豆属 *Padbruggea* Miq.
猪腰豆 *Padbruggea filipes*（Dunn）Craib
（257）链荚豆属 *Alysicarpus* Neck. ex Desv.
链荚豆 *Alysicarpus vaginalis*（L.）DC.
（258）木豆属 *Cajanus* DC.
蔓草虫豆 *Cajanus scarabaeoides*（L.）Graham ex Wall.
（259）鸡血藤属 *Callerya* Endl.
灰毛鸡血藤 *Callerya cinerea*（Benth.）Schot
喙果鸡血藤 *Callerya tsui*（F. P. Metcalf）Z. Wei & Pedley
亮叶鸡血藤 *Callerya nitida*（Benth.）R. Geesink
密花鸡血藤 *Callerya congestiflora*（T. C. Chen）Z. Wei & Pedley
香花鸡血藤 *Callerya dielsiana*（Harms）P. K. Lôc ex Z. Wei & Pedley
（260）笐子梢属 *Campylotropis* Bunge
密脉笐子梢 *Campylotropis bonii* Schindl.
小托叶密脉笐子梢 *Campylotropis bonii* var. *stipellata* Iokawa & H. Ohashi
西南笐子梢 *Campylotropis delavayi*（Franch.）Schindl.
思茅笐子梢 *Campylotropis harmsii* Schindl.
笐子梢 *Campylotropis macrocarpa*（Bunge）Rehder
绒毛叶笐子梢 *Campylotropis pinetorum* subsp. *velutina*（Dunn）Ohashi
（261）蝙蝠草属 *Christia* Moench
蝙蝠草 *Christia vespertilionis*（L. f.）Bakh. f. ex Meeuwen

（262）翅荚香槐属 *Platyosprion*（Maxim.）Maxim.

翅荚香槐 *Platyosprion platycarpum*（Maxim.）Maxim.

（263）舞草属 *Codoriocalyx* Hassk.

舞草 *Codoriocalyx motorius*（Houttuyn）H. Ohashi

（264）猪屎豆属 *Crotalaria* L.

响铃豆 *Crotalaria albida* B. Heyne ex Roth

猪屎豆 *Crotalaria pallida auct.* non Aiton: T. L. Wu

（265）黄檀属 *Dalbergia* L. f.

秧青 *Dalbergia assamica* Benth.

大金刚藤 *Dalbergia dyeriana* Prain ex Harms

斜叶黄檀 *Dalbergia pinnata*（Lour.）Merr.

多裂黄檀 *Dalbergia rimosa* Roxb.

（266）假木豆属 *Dendrolobium*（Wight & Arn.）Benth.

假木豆 *Dendrolobium triangulare*（Retz.）Schindl.

（267）鱼藤属 *Derris* Lour.

亮叶中南鱼藤 *Derris fordii* var. *lucida* F. C. How

大叶东京鱼藤 *Derris tonkinensis* var. *compacta* Gagnep.

厚果鱼藤 *Derris taiwaniana*（Hayata）Z. Q. Song

（268）蝉豆属 *Pleurolobus* J. St.-Hil.

蝉豆 *Pleurolobus gangeticus*（L.）J. St.-Hil. ex H. Ohashi & K. Ohashi

（269）拿身草属 *Sohmaea* H. Ohashi & K. Ohashi

拿身草 *Sohmaea laxiflora*（DC.）H. Ohashi & K. Ohashi

单叶拿身草 *Sohmaea zonata*（Miq.）H. Ohashi & K. Ohashi

（270）假地豆属 *Grona* Lour.

三点金 *Grona triflora*（L.）H. Ohashi & K. Ohashi

（271）细蚂蟥属 *Leptodesmia*（Benth.）Benth.

小叶细蚂蟥 *Leptodesmia microphylla*（Thunb.）H. Ohashi & K. Ohashi

（272）绒毛山蚂蟥属 *Polhillides*（Schindl.）H. Ohashi & K. Ohashi

绒毛山蚂蟥 *Polhillides velutina*（Willd.）H. Ohashi & K. Ohashi

（273）刺桐属 *Erythrina* L.

劲直刺桐 *Erythrina stricta* Roxb.

刺桐 *Erythrina variegata* L.

（274）千斤拔属 *Flemingia* Roxb. ex W. T. Aiton

大叶千斤拔 *Flemingia macrophylla*（Willd.）Kuntze ex Merr.

（275）干花豆属 *Fordia* Hemsl.

干花豆 *Fordia cauliflora* Hemsl.

（276）乳豆属 *Galactia* P. Browne

乳豆 *Galactia tenuiflora* auct. non（Klein ex Willd.）Wight & Arn. : F. T. Wang & T. Tang

（277）长柄山蚂蟥属 *Hylodesmum* H. Ohashi & R. R. Mill

疏花长柄山蚂蟥 *Hylodesmum laxum*（DC.）H. Ohashi & R. R. Mill

细长柄山蚂蟥 *Hylodesmum leptopus*（A. Gray ex Benth.）H. Ohashi & R. R. Mill

长柄山蚂蟥 *Hylodesmum podocarpum*（DC.）H. Ohashi & R. R. Mill

侧序长柄山蚂蟥 *Hylodesmum laterale*（Schindl.）H. Ohashi & R. R. Mill

宽卵叶长柄山蚂蟥 *Hylodesmum podocarpum* subsp. *fallax*（Schindl.）H. Ohashi & R. R. Mill

密毛长柄山蚂蟥 *Hylodesmum densum*（C. Chen & X. J. Cui）H. Ohashi & R. R. Mill

（278）木蓝属 *Indigofera* L.

假大青蓝 *Indigofera galegoides* DC.

尖叶木蓝 *Indigofera zollingeriana* Miq.

（279）鸡眼草属 *Kummerowia* Schindl.

鸡眼草 *Kummerowia striata*（Thunb.）Schindl.

（280）胡枝子属 *Lespedeza* Michx.

截叶铁扫帚 *Lespedeza cuneata*（Dum. Cours.）G. Don

美丽胡枝子 *Lespedeza thunbergii* subsp. *formosa*（Vogel）H. Ohashi

（281）油麻藤属 *Mucuna* Adans.

白花油麻藤 *Mucuna birdwoodiana* Tutcher

琼油麻藤 *Mucuna hainanensis* Hayata

大果油麻藤 *Mucuna macrocarpa* Wall.

（282）红豆属 *Ormosia* Jacks.

肥荚红豆 *Ormosia fordiana* Oliv.

光叶红豆 *Ormosia glaberrima* Y. C. Wu

花榈木 *Ormosia henryi* Hemsl. & E. H. Wilson

那坡红豆 *Ormosia napoensis* Z. Wei & R. H. Chang

（283）排钱树属 *Phyllodium* Desv.

毛排钱树 *Phyllodium elegans*（Lour.）Desv.

排钱树 *Phyllodium pulchellum*（L.）Desv.

（284）葛属 *Pueraria* DC.

葛 *Pueraria montana* var. *lobata*（Ohwi）Maesen & S. M. Almeida

山葛 *Pueraria montana*（Lour.）Merr.

（285）鹿藿属 *Rhynchosia* Lour.

中华鹿藿 *Rhynchosia chinensis* Hung T. Chang ex Y. T. Wei & S. K. Lee

鹿藿 *Rhynchosia volubilis* Lour.

（286）田菁属 *Sesbania* Scop.

刺田菁 *Sesbania bispinosa*（Jacq.）Spreng. ex Steud.

（287）苦参属 *Sophora* L.

锈毛槐 *Sophora prazeri* Prain

越南槐 *Sophora tonkinensis* Gagnep.

（288）葫芦茶属 *Tadehagi* H. Ohashi

葫芦茶 *Tadehagi triquetrum*（L.）Ohashi

（289）狸尾豆属 *Uraria* Desv.

猫尾草 *Uraria crinita*（L.）Desv. ex DC.

狸尾豆 *Uraria lagopodioides*（L.）Desv. ex DC.

美花狸尾豆 *Uraria picta*（Jacq.）Desv. ex DC.

（290）藤槐属 *Bowringia* Champ. ex Benth.

藤槐 *Bowringia callicarpa* Champ. ex Benth.

（291）夏藤属 *Wisteriopsis* J. Compton & Schrire

宽序夏藤 *Wisteriopsis eurybotrya*（Drake）J. Compton & Schrire

网络夏藤 *Wisteriopsis reticulata*（Benth.）J. Compton & Schrire

（292）相思树属 *Acacia* Mill.

马占相思 *Acacia mangium* Willd.

台湾相思 *Acacia confusa* Merr.

49. 远志科 Polygalaceae

（293）蝉翼藤属 *Securidaca* L.

蝉翼藤 *Securidaca inappendiculata* Hassk.

（294）远志属 *Polygala* L.

红花远志 *Polygala tricholopha* Chodat

50. 蔷薇科 Rosaceae

（295）梨属 *Pyrus* L.

豆梨 *Pyrus calleryana* Decne.

（296）李属 *Prunus* L.
刺叶桂樱 *Prunus spinulosa* Siebold & Zucc.
大叶桂樱 *Prunus zippeliana* Miq.
（297）龙牙草属 *Agrimonia* L.
日本龙牙草 *Agrimonia nipponica* Koidz.
龙牙草 *Agrimonia pilosa* Ledeb.
（298）枇杷属 *Eriobotrya* Lindl.
大花枇杷 *Eriobotrya cavaleriei*（H. Lév.）Rehder
枇杷 *Eriobotrya japonica*（Thunb.）Lindl.
（299）蔷薇属 *Rosa* L.
月季花 *Rosa chinensis* Jacq.
软条七蔷薇 *Rosa henryi* Boulenger
金樱子 *Rosa laevigata* Michx.
亮叶月季 *Rosa lucidissima* H. Lév.
（300）石斑木属 *Rhaphiolepis* Lindl.
石斑木 *Rhaphiolepis indica*（L.）Lindl.
柳叶石斑木 *Rhaphiolepis salicifolia* Lindl.
（301）臀果木属 *Pygeum* Gaertn.
臀果木 *Pygeum topengii* Merr.
（302）绣线菊属 *Spiraea* L.
毛枝绣线菊 *Spiraea martini* H. Lév.
（303）悬钩子属 *Rubus* L.
粗叶悬钩子 *Rubus alceifolius* Poir.
寒莓 *Rubus buergeri* Miq.
蛇藨筋 *Rubus cochinchinensis* Tratt.
黔桂悬钩子 *Rubus feddei* H. Lév. & Vaniot
华南悬钩子 *Rubus hanceanus* Kuntze
高粱藨 *Rubus lambertianus* Ser.
耳叶悬钩子 *Rubus latoauriculatus* F. P. Metcalf
角裂悬钩子 *Rubus lobophyllus* Y. K. Shih ex F. P. Metcalf
茅莓 *Rubus parvifolius* L.
梨叶悬钩子 *Rubus pirifolius* Smith
无腺灰白毛莓 *Rubus tephrodes* var. *ampliflorus*（H. Lév. & Vaniot）Hand.-Mazz.
灰白毛莓 *Rubus tephrodes* Hance

51．胡颓子科 Elaeagnaceae

（304）胡颓子属 *Elaeagnus* L.
巴东胡颓子 *Elaeagnus difficilis* Servettaz
角花胡颓子 *Elaeagnus gonyanthes* Benth.
胡颓子 *Elaeagnus pungens* Thunb.

52．鼠李科 Rhamnaceae

（305）对刺藤属 *Scutia*（Comm. ex DC.）Brongn.
对刺藤 *Scutia myrtina*（Burm. f.）Kurz
（306）勾儿茶属 *Berchemia* Neck. ex DC.
多花勾儿茶 *Berchemia floribunda*（Wall.）Brongn.
铁包金 *Berchemia lineata*（L.）DC.
勾儿茶 *Berchemia* sinica C. K. Schneid.
多叶勾儿茶 *Berchemia polyphylla* Wall. ex M. A. Lawson
（307）咀签属 *Gouania* Jacq.
毛咀签 *Gouania javanica* Miq.
咀签 *Gouania leptostachya* DC.
（308）马甲子属 *Paliurus* Mill.
马甲子 *Paliurus ramosissimus*（Lour.）Poir.
铜钱树 *Paliurus hemsleyanus* Rehder
（309）猫乳属 *Rhamnella* Miq.
苞叶木 *Rhamnella rubrinervis*（H. Lév.）Rehder
（310）雀梅藤属 *Sageretia* Brongn.
茶叶雀梅藤 *Sageretia camelliifolia* Y. L. Chen & P. K. Chou
刺藤子 *Sageretia melliana* Hand.-Mazz.
皱叶雀梅藤 *Sageretia rugosa* Hance
雀梅藤 *Sageretia thea*（Osbeck）M. C. Johnst.
（311）鼠李属 *Rhamnus* L.
革叶鼠李 *Rhamnus coriophylla* Hand.-Mazz.
贵州鼠李 *Rhamnus esquirolii* auct. non H. Lév. : T. Y. Chou
钩齿鼠李 *Rhamnus lamprophylla* C. K. Schneid.
（312）翼核果属 *Ventilago* Gaertn.
毛果翼核果 *Ventilago calyculata* Tul.
海南翼核果 *Ventilago inaequilateralis* Merr. & Chun

翼核果 *Ventilago leiocarpa* Benth.
（313）枣属 *Ziziphus* Mill.
毛果枣 *Ziziphus attopensis* Pierre
印度枣 *Ziziphus incurva* Roxb.
小果枣 *Ziziphus oenopolia*（L.）Mill.
（314）枳椇属 *Hovenia* Thunb.
枳椇 *Hovenia acerba* Lindl.

53. 榆科 Ulmaceae

（315）榆属 *Ulmus* L.
常绿榆 *Ulmus lanceifolia* Roxb.
榔榆 *Ulmus parvifolia* Jacq.

54. 大麻科 Cannabaceae

（316）糙叶树属 *Aphananthe* Planch.
糙叶树 *Aphananthe aspera*（Thunb.）Planch.
柔毛糙叶树 *Aphananthe aspera* var. *pubescens* C. J. Chen
（317）朴属 *Celtis* L.
紫弹树 *Celtis biondii* Pamp.
菲律宾朴树 *Celtis philippensis* Blanco
朴树 *Celtis sinensis* Pers.
假玉桂 *Celtis timorensis* Span.
（318）青檀属 *Pteroceltis* Maxim.
青檀 *Pteroceltis tatarinowii* Maxim.
（319）山黄麻属 *Trema* Lour.
异色山黄麻 *Trema orientalis*（L.）Blume
山黄麻 *Trema tomentosa*（Roxb.）H. Hara

55. 桑科 Moraceae

（320）波罗蜜属 *Artocarpus* J. R. Forst. & G. Forst.
波罗蜜 *Artocarpus heterophyllus* Lam.
胭脂 *Artocarpus tonkinensis* A. Chev. ex Gagnep.
白桂木 *Artocarpus hypargyreus* Hance
（321）橙桑属 *Maclura* Nutt.
构棘 *Maclura cochinchinensis*（Lour.）Corner

毛柘藤 *Maclura pubescens*（Trécul）Z. K. Zhou & M. G. Gilbert
柘 *Maclura tricuspidata* Carrière
（322）构属 *Broussonetia* L'Hér. ex Vent.
藤构 *Broussonetia kaempferi* Siebold
构 *Broussonetia papyrifera*（L.）L'Hér. ex Vent.
（323）见血封喉属 *Antiaris* Lesch.
见血封喉 *Antiaris toxicaria* Lesch.
（324）牛筋藤属 *Malaisia* Blanco
牛筋藤 *Malaisia scandens*（Lour.）Planch.
（325）假鹊肾树属 *Pseudostreblus* Bureau
假鹊肾树 *Pseudostreblus indicus* Bureau
（326）刺桑属 *Taxotrophis* Blume
双果桑 *Taxotrophis macrophylla*（Blume）Boerl.
刺桑 *Taxotrophis ilicifolia*（Kurz）S. Vidal
（327）鹊肾树属 *Streblus* Lour.
米扬噎 *Streblus tonkinensis*（Eberh. & Dubard）Corner
（328）榕属 *Ficus* L.
高山榕 *Ficus altissima* Blume
大果榕 *Ficus auriculata* Lour.
龙州榕 *Ficus cardiophylla* Merr.
纸叶榕 *Ficus chartacea* Wall. ex King
歪叶榕 *Ficus cyrtophylla* Wall. ex Miq.
天仙果 *Ficus erecta* Thunb.
水同木 *Ficus fistulosa* Reinw. ex Blume
大叶水榕 *Ficus glaberrima* Blume
异叶榕 *Ficus heteromorpha* Hemsl.
粗叶榕 *Ficus hirta* Vahl
对叶榕 *Ficus hispida* L. f.
光叶榕 *Ficus laevis* Blume
榕树 *Ficus microcarpa* L. f.
九丁榕 *Ficus nervosa* B. Heyne ex Roth
苹果榕 *Ficus oligodon* Miq.
直脉榕 *Ficus orthoneura* H. Lév. & Vaniot
琴叶榕 *Ficus pandurata* Hance
薜荔 *Ficus pumila* L.

聚果榕 *Ficus racemosa* L.
羊乳榕 *Ficus sagittata* Vahl
棒果榕 *Ficus subincisa* Buch.-Ham. ex Sm.
笔管榕 *Ficus subpisocarpa* Gagnep.
假斜叶榕 *Ficus subulata* Blume
斜叶榕 *Ficus tinctoria* subsp. *gibbosa*（Blume）Corner
楔叶榕 *Ficus trivia* Corner
平塘榕 *Ficus tuphapensis* Drake
杂色榕 *Ficus variegata* Blume
黄葛树 *Ficus virens* Aiton
尾尖爬藤榕 *Ficus sarmentosa* var. *lacrymans*（H. Lév.）Corner
沙坝榕 *Ficus chapaensis* Gagnep.
青果榕 *Ficus variegata* Blume var. *chlorocarpa*（Benth.）Benth. ex King
（329）桑属 *Morus* L.
鸡桑 *Morus australis* Poir.
奶桑 *Morus macroura* Miq.
（330）水蛇麻属 *Fatoua* Gaudich.
水蛇麻 *Fatoua villosa*（Thunb.）Nakai

56. 荨麻科 Urticaceae

（331）艾麻属 *Laportea* Gaudich.
葡萄叶艾麻 *Laportea violacea* Gagnep.
（332）赤车属 *Pellionia* Gaudich.
异被赤车 *Pellionia heteroloba* Wedd.
长柄赤车 *Pellionia latifolia*（Blume）Boerl.
滇南赤车 *Pellionia paucidentata*（H. Schroet.）S. S. Chien
赤车 *Pellionia radicans*（Siebold & Zucc.）Wedd.
（333）火麻树属 *Dendrocnide* Miq.
全缘火麻树 *Dendrocnide sinuata*（Blume）Chew
火麻树 *Dendrocnide urentissima*（Gagnep.）Chew
（334）冷水花属 *Pilea* Lindl.
基心叶冷水花 *Pilea basicordata* W. T. Wang ex C. J. Chen
五萼冷水花 *Pilea boniana* Gagnep.
椭圆叶冷水花 *Pilea elliptilimba* C. J. Chen
长茎冷水花 *Pilea longicaulis* Hand.-Mazz.

盾叶冷水花 *Pilea peltata* Hance
石筋草 *Pilea plataniflora* C. H. Wright
透茎冷水花 *Pilea pumila*（L.）A. Gray
弄岗冷水花 *Pilea nonggangensis* Y. G. Wei, L. F. Fu & A. K. Monro
隆脉冷水花 *Pilea lomatogramma* Hand.-Mazz.
冷水花 *Pilea notata* C. H. Wright
（335）瘤冠麻属 *Cypholophus* Wedd.
瘤冠麻 *Cypholophus moluccanus*（Blume）Miq.
（336）楼梯草属 *Elatostema* J. R. Forst. & G. Forst.
深绿楼梯草 *Elatostema atroviride* W. T. Wang
骤尖楼梯草 *Elatostema cuspidatum* Wight
瘤茎楼梯草 *Elatostema myrtillus*（H. Lév.）Hand.-Mazz.
宽叶楼梯草 *Elatostema platyphyllum* Wedd.
曲毛楼梯草 *Elatostema retrohirtum* Dunn
变黄楼梯草 *Elatostema xanthophyllum* W. T. Wang
楼梯草 *Elatostema involucratum* Franch. & Sav.
（337）葎草属 *Humulus* L.
葎草 *Humulus scandens*（Lour.）Merr.
（338）糯米团属 *Gonostegia* Turcz.
糯米团 *Gonostegia hirta*（Blume）Miq.
五蕊糯米团 *Gonostegia pentandra*（Roxb.）Miq.
（339）水麻属 *Debregeasia* Gaudich.
椭圆叶水麻 *Debregeasia elliptica* C. J. Chen
（340）水丝麻属 *Maoutia* Wedd.
水丝麻 *Maoutia puya*（Hook.）Wedd.
（341）藤麻属 *Procris* Comm. ex Juss.
藤麻 *Procris crenata* C. B. Rob.
（342）雾水葛属 *Pouzolzia* Gaudich.
红雾水葛 *Pouzolzia sanguinea*（Blume）Merr.
（343）苎麻属 *Boehmeria* Jacq.
长序苎麻 *Boehmeria dolichostachya* W. T. Wang
苎麻 *Boehmeria nivea*（L.）Gaudich.
青叶苎麻 *Boehmeria nivea* var. *tenacissima*（Gaudich.）Miq.
野线麻 *Boehmeria japonica*（L. f.）Miq.
水苎麻 *Boehmeria macrophylla* Hornem.

（344）紫麻属 *Oreocnide* Miq.
紫麻 *Oreocnide frutescens*（Thunb.）Miq.
全缘叶紫麻 *Oreocnide integrifolia*（Gaudich.）Miq.
广西紫麻 *Oreocnide kwangsiensis* Hand.-Mazz.
红紫麻 *Oreocnide rubescens*（Blume）Miq.

57. 壳斗科 Fagaceae

（345）锥属 *Castanopsis* Spach
秀丽锥 *Castanopsis jucunda* Hance
（346）柯属 *Lithocarpus* Blume
槟榔柯 *Lithocarpus areca*（Hickel & A. Camus）A. Camus
硬壳柯 *Lithocarpus hancei*（Benth.）Rehder
瘤果柯 *Lithocarpus handelianus* A. Camus
球壳柯 *Lithocarpus sphaerocarpus*（Hickel & A. Camus）A. Camus
大叶柯 *Lithocarpus megalophyllus* Rehder & E. H. Wilson
龙州柯 *Lithocarpus longzhouicus*（C. C. Huang & Y. T. Chang）J. Q. Li & L. Chen
（347）栎属 *Quercus* L.
富宁栎 *Quercus setulosa* Hickel & A. Camus
青冈 *Quercus glauca* Thunb.
蓝灰栎 *Quercus glaucoides*（Schottky）Koidz.
滇青冈 *Quercus schottkyana* Rehder & E. H. Wilson

58. 胡桃科 Juglandaceae

（348）山核桃属 *Carya* Nutt.
喙核桃 *Carya sinensis* Dode
（349）黄杞属 *Engelhardia* Lesch. ex Blume
黄杞 *Engelhardia roxburghiana* Wall.
（350）化香树属 *Platycarya* Siebold & Zucc.
化香树 *Platycarya strobilacea* Siebold & Zucc.
龙州化香 *Platycarya longzhouensis* S. Ye Liang & G. J. Liang

59. 桦木科 Betulaceae

（351）鹅耳枥属 *Carpinus* L.
岩生鹅耳枥 *Carpinus rupestris* A. Camus

60. 葫芦科 Cucurbitaceae

（352）绞股蓝属 *Gynostemma* Blume
扁果绞股蓝 *Gynostemma compressum* X. X. Chen & D. R. Liang
广西绞股蓝 *Gynostemma guangxiense* X. X. Chen & D. H. Qin
绞股蓝 *Gynostemma pentaphyllum*（Thunb.）Makino
（353）雪胆属 *Hemsleya* Cogn. ex F. B. Forbes & Hemsl.
马铜铃 *Hemsleya graciliflora*（Harms）Cogn.
（354）油渣果属 *Hodgsonia* Hook. f. & Thomson
油渣果 *Hodgsonia heteroclita*（Roxb.）Hook. f. & Thomson
（355）丝瓜属 *Luffa* Mill.
丝瓜 *Luffa aegyptiaca* Mill.
（356）苦瓜属 *Momordica* L.
木鳖子 *Momordica cochinchinensis*（Lour.）Spreng.
凹萼木鳖 *Momordica subangulata* Blume
（357）帽儿瓜属 *Mukia* Arn.
帽儿瓜 *Mukia maderaspatana*（L.）M. J. Roem.
（358）棒锤瓜属 *Neoalsomitra* Hutch.
藏棒锤瓜 *Neoalsomitra clavigera*（Wall.）Hutch.
（359）茅瓜属 *Solena* Lour.
茅瓜 *Solena heterophylla* Lour.
（360）赤瓟属 *Thladiantha* Bunge
大苞赤瓟 *Thladiantha cordifolia*（Blume）Cogn.
（361）栝楼属 *Trichosanthes* L.
波叶栝楼 *Trichosanthes cucumeroides* var. *dicaelosperma*（C. B. Clarke）S. K. Chen
糙点栝楼 *Trichosanthes dunniana* H. Lév.
长萼栝楼 *Trichosanthes laceribractea* Hayata
全缘栝楼 *Trichosanthes pilosa* Wall.
截叶栝楼 *Trichosanthes truncata* C. B. Clarke
金瓜 *Trichosanthes costata* Blume
（362）马瓟儿属 *Zehneria* Endl.
马瓟儿 *Zehneria japonica*（Thunb.）H. Y. Liu
纽子瓜 *Zehneria bodinieri*（H. Lév.）W. J. de Wilde & Duyfjes
（363）毒瓜属 *Diplocyclos*（Endl.）Post & O. Kuntze
毒瓜 *Diplocyclos palmatus*（L.）C. Jeffrey

61. 秋海棠科 Begoniaceae

（364）秋海棠属 *Begonia* L.
柱果秋海棠 *Begonia cylindrica* D. R. Liang & X. X. Chen
食用秋海棠 *Begonia edulis* H. Lév.
灯果秋海棠 *Begonia lanternaria* Irmsch.
癞叶秋海棠 *Begonia leprosa* Hance
刘演秋海棠 *Begonia liuyanii* C. I Peng & al.
粗喙秋海棠 *Begonia longifolia* Blume
铁甲秋海棠 *Begonia masoniana* Irmsch. ex Ziesenh.
龙州秋海棠 *Begonia morsei* Irmsch.
鸟叶秋海棠 *Begonia ornithophylla* Irmsch.
裂叶秋海棠 *Begonia palmata* D. Don
大新秋海棠 *Begonia daxinensis* T. C. Ku
多花秋海棠 *Begonia sinofloribunda* Dorr
小叶秋海棠 *Begonia parvula* H. Lév. & Vaniot
弄岗秋海棠 *Begonia longgangensis* C. I. Peng & Yan Liu.
宁明秋海棠 *Begonia ningmingensis* D. Fang & al.
靖西秋海棠 *Begonia jingxiensis* D. Fang & Y. G. Wei
假大新秋海棠 *Begonia pseudodaxinensis* S. M. Ku & al.

62. 卫矛科 Celastraceae

（365）南蛇藤属 *Celastrus* L.
圆叶南蛇藤 *Celastrus kusanoi* Hayata
灯油藤 *Celastrus paniculatus* Willd.
皱叶南蛇藤 *Celastrus rugosus* Rehder & E. H. Wilson
（366）卫矛属 *Euonymus* L.
软刺卫矛 *Euonymus aculeatus* Hemsl.
百齿卫矛 *Euonymus centidens* H. Lév.
裂果卫矛 *Euonymus dielsianus* Loes. & Diels
扶芳藤 *Euonymus fortunei*（Turcz.）Hand.-Mazz.
疏花卫矛 *Euonymus laxiflorus* Blume ex Miq.
中华卫矛 *Euonymus nitidus* Benth.
（367）沟瓣木属 *Glyptopetalum* Thwaites
细梗沟瓣木 *Glyptopetalum longepedunculatum* Tardieu

硬果沟瓣木 *Glyptopetalum sclerocarpum*（Kurz）M. A. Lawson

皱叶沟瓣木 *Glyptopetalum rhytidophyllum*（Chun & F. C. How）C. Y. Cheng

大陆沟瓣木 *Glyptopetalum continentale*（Chun & F. C. How）C. Y. Cheng & Q. S. Ma

（368）裸实属 *Gymnosporia*（Wight & Arn.）Benth. & Hook. f.

密花美登木 *Gymnosporia confertiflora*（J. Y. Luo & X. X. Chen）M. P. Simmons

（369）翅子藤属 *Loeseneriella* A. C. Sm.

翅子藤 *Loeseneriella merrilliana* A. C. Sm.

（370）扁蒴藤属 *Pristimera* Miers

二籽扁蒴藤 *Reissantia arborea*（Roxb.）H. Hara

毛扁蒴藤 *Reissantia setulosa*（A. C. Sm.）N. Hallé

（371）五层龙属 *Salacia* L.

无柄五层龙 *Salacia sessiliflora* Hand.-Mazz.

（372）斜翼属 *Plagiopteron* Griff.

斜翼 *Plagiopteron suaveolens* Griff.

63. 牛栓藤科 Connaraceae

（373）红叶藤属 *Rourea* Aubl.

小叶红叶藤 *Rourea microphylla*（Hook. & Arn.）Planch.

红叶藤 *Rourea minor*（Gaertn.）Leenh.

64. 酢浆草科 Oxalidaceae

（374）阳桃属 *Averrhoa* L.

阳桃 *Averrhoa carambola* L.

（375）感应草属 *Biophytum* DC.

感应草 *Biophytum sensitivum*（L.）DC.

（376）酢浆草属 *Oxalis* L.

酢浆草 *Oxalis corniculata* L.

红花酢浆草 *Oxalis corymbosa* DC.

65. 小盘木科 Pandaceae

（377）小盘木属 *Microdesmis* Hook. f.

小盘木 *Microdesmis caseariifolia* Planch. ex Hook. f.

66. 红树科 Rhizophoraceae

（378）竹节树属 *Carallia* Roxb.
旁杞木 *Carallia pectinifolia* W. C. Ko

67. 藤黄科 Clusiaceae

（379）藤黄属 *Garcinia* L.
大苞藤黄 *Garcinia bracteata* C. Y. Wu ex Y. H. Li
金丝李 *Garcinia paucinervis* Chun ex F. C. How

68. 金丝桃科 Hypericaceae

（380）黄牛木属 *Cratoxylum* Blume
黄牛木 *Cratoxylum cochinchinense*（Lour.）Blume
红芽木 *Cratoxylum formosum* subsp. *pruniflorum*（Kurz）Gogelein
（381）金丝桃属 *Hypericum* L.
地耳草 *Hypericum japonicum* Thunb. ex Murray
元宝草 *Hypericum sampsonii* Hance

69. 核果木科 Putranjivaceae

（382）核果木属 *Drypetes* Vahl
密花核果木 *Drypetes congestiflora* Chun & T. Chen
青枣核果木 *Drypetes cumingii*（Baill.）Pax & K. Hoffm.
海南核果木 *Drypetes hainanensis* Merr.
网脉核果木 *Drypetes perreticulata* Gagnep.

70. 金虎尾科 Malpighiaceae

（383）盾翅藤属 *Aspidopterys* A. Juss.
广西盾翅藤 *Aspidopterys concava*（Wall.）A. Juss.
盾翅藤 *Aspidopterys glabriuscula*（Wall.）A. Juss.
（384）风筝果属 *Hiptage* Gaertn.
多花风筝果 *Hiptage multiflora* F. N. Wei

71. 青钟麻科 Achariaceae

（385）大风子属 *Hydnocarpus* Gaertn.
泰国大风子 *Hydnocarpus anthelminthicus* Pierre
海南大风子 *Hydnocarpus hainanensis*（Merr.）Sleumer

大叶龙角 *Hydnocarpus annamensis*（Gagnep.）Lescot & Sleumer

72. 堇菜科 Violaceae

（386）三角车属 *Rinorea* Aubl.
三角车 *Rinorea bengalensis*（Wall.）Kuntze
（387）堇菜属 *Viola* L.
七星莲 *Viola diffusa* Ging.

73. 西番莲科 Passifloraceae

（388）蒴莲属 *Adenia* Forssk.
异叶蒴莲 *Adenia heterophylla*（Blume）Koord.
（389）西番莲属 *Passiflora* L.
西番莲 *Passiflora caerulea* L.
龙珠果 *Passiflora foetida* L.
蝴蝶藤 *Passiflora papilio* H. L. Li

74. 杨柳科 Salicaceae

（390）刺篱木属 *Flacourtia* Comm. ex L'Hér.
大叶刺篱木 *Flacourtia rukam* Zoll. & Moritzi.
（391）山桂花属 *Bennettiodendron* Merr.
山桂花 *Bennettiodendron leprosipes*（Clos）Merr.
（392）柞木属 *Xylosma* G. Forst.
柞木 *Xylosma congesta*（Lour.）Merr.
南岭柞木 *Xylosma controversa* Clos
长叶柞木 *Xylosma longifolia* Clos
（393）天料木属 *Homalium* Jacq.
天料木 *Homalium cochinchinense*（Lour.）Druce
柳叶天料木 *Homalium sabiifolium* F. C. How & W. C. Ko
（394）脚骨脆属 *Casearia* Jacq.
球花脚骨脆 *Casearia glomerata* Roxb. ex DC.
膜叶脚骨脆 *Casearia membranacea* Hance

75. 大戟科 Euphorbiaceae

（395）铁苋菜属 *Acalypha* L.
尾叶铁苋菜 *Acalypha acmophylla* Hemsl.

卵叶铁苋菜 *Acalypha kerrii* Craib
铁苋菜 *Acalypha australis* L.
（396）山麻秆属 *Alchornea* Sw.
羽脉山麻秆 *Alchornea rugosa*（Lour.）Müll. Arg.
绿背山麻秆 *Alchornea trewioides* var. sinica H. S. Kiu
红背山麻秆 *Alchornea trewioides*（Benth.）Müll. Arg.
（397）石栗属 *Aleurites* J. R. Forst. & G. Forst.
石栗 *Aleurites moluccanus*（L.）Willd.
（398）肥牛树属 *Cephalomappa* Baill.
肥牛树 *Cephalomappa sinensis*（Chun & F. C. How）Kosterm.
（399）白大凤属 *Cladogynos* Zipp. ex Span.
白大凤 *Cladogynos orientalis* Zipp. ex Span.
（400）白桐树属 *Claoxylon* A. Juss.
白桐树 *Claoxylon indicum*（Reinw. ex Blume）Hassk.
（401）棒柄花属 *Cleidion* Blume
灰岩棒柄花 *Cleidion bracteosum* Gagnep.
棒柄花 *Cleidion brevipetiolatum* Pax & K. Hoffm.
（402）大戟属 *Euphorbia* L.
火殃簕 *Euphorbia antiquorum* L.
飞扬草 *Euphorbia hirta* L.
通奶草 *Euphorbia hypericifolia* L.
一品红 *Euphorbia pulcherrima* Willd. ex Klotzsch
（403）海漆属 *Excoecaria* L.
红背桂 *Excoecaria cochinchinensis* Lour.
鸡尾木 *Excoecaria venenata* S. K. Lee & F. N. Wei
（404）粗毛藤属 *Cnesmone* Blume
灰岩粗毛藤 *Cnesmone tonkinensis*（Gagnep.）Croizat
（405）巴豆属 *Croton* L.
银叶巴豆 *Croton cascarilloides* Raeusch.
石山巴豆 *Croton euryphyllus* W. W. Sm.
宽昭巴豆 *Croton howii* Merr. & Chun ex Y. T. Chang
毛果巴豆 *Croton lachnocarpus* Benth.
厚叶巴豆 *Croton merrillianus* Croizat
巴豆 *Croton tiglium* L.

（406）东京桐属 *Deutzianthus* Gagnep.
东京桐 *Deutzianthus tonkinensis* Gagnep.
（407）麻风树属 *Jatropha* L.
麻风树 *Jatropha curcas* L.
（408）血桐属 *Macaranga* Thouars
中平树 *Macaranga denticulata*（Blume）Müll. Arg.
印度血桐 *Macaranga indica* Wight
尾叶血桐 *Macaranga kurzii*（Kuntze）Pax & K. Hoffm.
（409）野桐属 *Mallotus* Lour.
白背叶 *Mallotus apelta*（Lour.）Müll. Arg.
毛桐 *Mallotus barbatus*（Wall. ex Baill.）Müll. Arg.
长叶野桐 *Mallotus esquirolii* H. Lév.
野梧桐 *Mallotus japonicus*（L. f.）Müll. Arg.
小果野桐 *Mallotus microcarpus* Pax & Hoffm.
贵州野桐 *Mallotus millietii* H. Lév.
粗糠柴 *Mallotus philippensis*（Lamarck）Müll. Arg.
石岩枫 *Mallotus repandus*（Willd.）Müll. Arg.
野桐 *Mallotus tenuifolius* Pax
云南野桐 *Mallotus yunnanensis* Pax & K. Hoffm.
桂野桐 *Mallotus conspurcatus* Croizat
（410）木薯属 *Manihot* Mill.
木薯 *Manihot esculenta* Crantz
（411）红雀珊瑚属 *Pedilanthus* Neck. ex Poit.
红雀珊瑚 *Pedilanthus tithymaloides*（L.）Poit.
（412）蓖麻属 *Ricinus* L.
蓖麻 *Ricinus communis* L.
（413）乌桕属 *Triadica* Lour.
圆叶乌桕 *Triadica rotundifolia*（Hemsl.）Esser
乌桕 *Triadica sebifera*（L.）Small
山乌桕 *Triadica cochinchinensis* Lour.
（414）守宫木属 *Sauropus* Bl.
茎花守宫木 *Sauropus bonii* Beille
盈江守宫木 *Sauropus pierrei*（Beille）Croizat
方枝守宫木 *Sauropus quadrangularis*（Willd.）Müll. Arg.

（415）宿萼木属 *Strophioblachia* Boerl.
宿萼木 *Strophioblachia fimbricalyx* Boerl.
（416）三宝木属 *Trigonostemon* Blume
勐仑三宝木 *Trigonostemon bonianus* Gagnep.
黄花三宝木 *Trigonostemon fragilis*（Gagnep.）Airy Shaw
长梗三宝木 *Trigonostemon thyrsoideus* Stapf
（417）油桐属 *Vernicia* Lour.
油桐 *Vernicia fordii*（Hemsl.）Airy Shaw
木油桐 *Vernicia montana* Lour.

76. 亚麻科 Linaceae

（418）青篱柴属 *Tirpitzia* Hallier f.
米念芭 *Tirpitzia ovoidea* Chun & F. C. How ex W. L. Sha
青篱柴 *Tirpitzia sinensis*（Hemsl.）Hallier f.

77. 叶下珠科 Phyllanthaceae

（419）喜光花属 *Actephila* Blume
喜光花 *Actephila merrilliana* Chun
（420）五月茶属 *Antidesma* L.
五月茶 *Antidesma bunius*（L.）Spreng.
方叶五月茶 *Antidesma ghaesembilla* Gaertn.
日本五月茶 *Antidesma japonicum* Siebold & Zucc.
山地五月茶 *Antidesma montanum* Blume
（421）银柴属 *Aporosa* Blume
银柴 *Aporosa dioica*（Roxb.）Müll. Arg.
毛银柴 *Aporosa villosa*（Lindl.）Baill.
云南银柴 *Aporosa yunnanensis*（Pax & K. Hoffm.）F. P. Metcalf
（422）木奶果属 *Baccaurea* Lour.
木奶果 *Baccaurea ramiflora* Lour.
（423）秋枫属 *Bischofia* Blume
秋枫 *Bischofia javanica* Blume
（424）黑面神属 *Breynia* J. R. Forst. & G. Forst.
黑面神 *Breynia fruticosa*（L.）Hook. f.
小叶黑面神 *Breynia vitis-idaea*（Burm. f.）C. E. C. Fisch.
（425）土蜜树属 *Bridelia* Willd.

禾串树 *Bridelia balansae* Tutcher
大叶土蜜树 *Bridelia retusa*（L.）A. Juss.
土蜜树 *Bridelia tomentosa* Blume
膜叶土蜜树 *Bridelia glauca* Blume
（426）闭花木属 *Cleistanthus* Hook. f. ex Planch.
假肥牛树 *Cleistanthus petelotii* Merr. ex Croizat
闭花木 *Cleistanthus sumatranus*（Miq.）Müll. Arg.
（427）白饭树属 *Flueggea* Willd.
白饭树 *Flueggea virosa*（Roxb. ex Willd.）Voigt
（428）算盘子属 *Glochidion* J. R. Forst. & G. Forst.
红算盘子 *Glochidion coccineum*（Buch.-Ham.）Müll. Arg.
四裂算盘子 *Glochidion ellipticum* Wight
毛果算盘子 *Glochidion eriocarpum* Champ. ex Benth.
艾胶算盘子 *Glochidion lanceolarium*（Roxb.）Voigt
甜叶算盘子 *Glochidion philippicum*（Cav.）C. B. Rob.
白背算盘子 *Glochidion wrightii* Benth.
香港算盘子 *Glochidion zeylanicum*（Gaertn.）A. Juss.
（429）蓝子木属 *Margaritaria* L. f.
蓝子木 *Margaritaria indica*（Dalzell）Airy Shaw
（430）珠子木属 *Phyllanthodendron* Hemsl.
龙州珠子木 *Phyllanthodendron breynioides* P. T. Li
弄岗珠子木 *Phyllanthodendron moi*（P. T. Li）P. T. Li
圆叶珠子木 *Phyllanthodendron orbicularifolium* P. T. Li
（431）叶下珠属 *Phyllanthus* L.
滇藏叶下珠 *Phyllanthus clarkei* Hook. f.
余甘子 *Phyllanthus emblica* L.
小果叶下珠 *Phyllanthus reticulatus* Poir.
叶下珠 *Phyllanthus urinaria* L.
黄珠子草 *Phyllanthus virgatus* G. Forst.
（432）红叶下珠属 *Nymphanthus* Lour.
隐脉叶下珠 *Nymphanthus guangdongensis*（P. T. Li）R. W. Bouman

78. 使君子科 Combretaceae

（433）风车子属 *Combretum* Loefl.
风车子 *Combretum alfredii* Hance

石风车子 *Combretum wallichii* DC.
使君子 *Combretum indicum*（L.）Jongkind

79. 千屈菜科 Lythraceae

（434）紫薇属 *Lagerstroemia* L.
尾叶紫薇 *Lagerstroemia caudata* Chun & F. C. How ex S. K. Lee & L. F. Lau
大花紫薇 *Lagerstroemia speciosa*（L.）Pers.
网脉紫薇 *Lagerstroemia suprareticulata* S. K. Lee & L. F. Lau
（435）节节菜属 *Rotala* L.
圆叶节节菜 *Rotala rotundifolia*（Buch.-Ham. ex Roxb.）Koehne

80. 柳叶菜科 Onagraceae

（436）丁香蓼属 *Ludwigia* L.
假柳叶菜 *Ludwigia epilobioides* Maxim.
草龙 *Ludwigia hyssopifolia*（G. Don）Exell
毛草龙 *Ludwigia octovalvis*（Jacq.）Raven

81. 桃金娘科 Myrtaceae

（437）子楝树属 *Decaspermum* J. R. Forst. & G. Forst.
子楝树 *Decaspermum gracilentum*（Hance）Merr. & L. M. Perry
五瓣子楝树 *Decaspermum parviflorum*（Lam.）A. J. Scott
（438）桉属 *Eucalyptus* L'Hér.
直杆蓝桉 *Eucalyptus globulus* subsp. *maidenii*（F. Muell.）Kirkpatrick
（439）番樱桃属 *Eugenia* L.
红果仔 *Eugenia uniflora* L.
（440）番石榴属 *Psidium* L.
番石榴 *Psidium guajava* L.
（441）桃金娘属 *Rhodomyrtus*（DC.）Rchb.
桃金娘 *Rhodomyrtus tomentosa*（Aiton）Hassk.
（442）蒲桃属 *Syzygium* Gaertn.
密脉蒲桃 *Syzygium chunianum* Merr. & L. M. Perry
水翁蒲桃 *Syzygium nervosum* DC.
四角蒲桃 *Syzygium tetragonum*（Wight）Wall. ex Walp.
海南蒲桃 *Syzygium hainanense* H. T. Chang & R. H. Miao
乌墨 *Syzygium cumini*（L.）Skeels

82. 野牡丹科 Melastomataceae

（443）野牡丹属 *Melastoma* L.
印度野牡丹 *Melastoma malabathricum* L.
毛棯 *Melastoma sanguineum* Sims
（444）谷木属 *Memecylon* L.
细叶谷木 *Memecylon scutellatum*（Lour.）Hook. & Arn.
（445）野海棠属 *Bredia* Blume
大叶野海棠 *Bredia longiradiosa* C. Chen ex Govaerts
丽萼野海棠 *Bredia longiradiosa* var. *pulchella*（C. Chen）R. Zhou & Ying Liu

83. 省沽油科 Staphyleaceae

（446）山香圆属 *Turpinia* Vent.
山香圆 *Turpinia montana*（Blume）Kurz.

84. 瘿椒树科 Tapisciaceae

（447）瘿椒树属 *Tapiscia* Oliv.
瘿椒树 *Tapiscia sinensis* Rehder & E. H. Wilson

85. 橄榄科 Burseraceae

（448）橄榄属 *Canarium* L.
方榄 *Canarium bengalense* Roxb.
乌榄 *Canarium pimela* K. D. Koenig
（449）嘉榄属 *Garuga* Roxb.
白头树 *Garuga forrestii* W. W. Sm.
羽叶白头树 *Garuga pinnata* Roxb.

86. 漆树科 Anacardiaceae

（450）南酸枣属 *Choerospondias* B. L. Burtt & A. W. Hill
南酸枣 *Choerospondias axillaris*（Roxb.）B. L. Burtt & A. W. Hill
（451）人面子属 *Dracontomelon* Blume
人面子 *Dracontomelon duperreanum* Pierre
（452）杧果属 *Mangifera* L.
杧果 *Mangifera indica* L.
天桃木 *Mangifera persiciforma* C. Y. Wu & T. L. Ming

（453）藤漆属 *Pegia* Colebr.
利黄藤 *Pegia sarmentosa*（Lecomte）Hand.-Mazz.
（454）黄连木属 *Pistacia* L.
黄连木 *Pistacia chinensis* Bunge
清香木 *Pistacia weinmanniifolia* J. Poiss. ex Franch.
（455）盐麸木属 *Rhus*（Tourn.）L. emend. Moench
盐麸木 *Rhus chinensis* Mill.
滨盐麸木 *Rhus chinensis*. var. *roxburghii*（DC.）Rehder
（456）岭南酸枣属 *Allospondias* Stapf
岭南酸枣 *Allospondias lakonensis*（Pierre）Stapf
（457）漆树属 *Toxicodendron*（Tourn.）Mill.
野漆 *Toxicodendron succedaneum*（L.）Kuntze
刺果毒漆藤 *Toxicodendron radicans* subsp. *hispidum*（Engl.）Gillis

87. 无患子科 Sapindaceae

（458）异木患属 *Allophylus* L.
波叶异木患 *Allophylus caudatus* Radlk.
滇南异木患 *Allophylus cobbe* var. *velutinus* Corner
（459）细子龙属 *Amesiodendron* Hu
细子龙 *Amesiodendron chinense*（Merr.）Hu
（460）黄梨木属 *Boniodendron* Gagnep.
黄梨木 *Boniodendron minus*（Hemsl.）T. Chen
（461）倒地铃属 *Cardiospermum* L.
倒地铃 *Cardiospermum halicacabum* L.
（462）茶条木属 *Delavaya* Franch.
茶条木 *Delavaya toxocarpa* Franch.
（463）龙眼属 *Dimocarpus* Lour.
龙荔 *Dimocarpus confinis*（F. C. How & C. N. Ho）H. S. Lo
龙眼 *Dimocarpus longan* Lour.
（464）栾树属 *Koelreuteria* Laxm.
复羽叶栾 *Koelreuteria bipinnata* Franch.
（465）鳞花木属 *Lepisanthes* Blume
滇赤才 *Lepisanthes senegalensis*（Poiret）Leen.
茎花赤才 *Lepisanthes cauliflora* C. F. Liang & S. L. Mo
光叶茎花赤才 *Lepisanthes cauliflora* var. *glabrifolia* S. L. Mo & X. X. Lee

（466）七叶树属 *Aesculus* L.

小果七叶树 *Aesculus tsiangii* Hu & W. P. Fang

（467）槭属 *Acer* L.

亮叶槭 *Acer lucidum* F. P. Metcalf

粗柄槭 *Acer tonkinense* Lecomte

（468）荔枝属 *Litchi* Sonn.

荔枝 *Litchi chinensis* Sonn.

88. 芸香科 Rutaceae

（469）酒饼簕属 *Atalantia* Corrêa

尖叶酒饼簕 *Atalantia acuminata* C. C. Huang

广东酒饼簕 *Atalantia kwangtungensis* Merr.

（470）柑橘属 *Citrus* L.

黎檬 *Citrus limonia* Osb.

柚 *Citrus maxima*（Burm.）Merr.

柑橘 *Citrus reticulata* Blanco

（471）黄皮属 *Clausena* Burm. f.

细叶黄皮 *Clausena anisum-olens*（Blanco）Merr.

齿叶黄皮 *Clausena dunniana* H. Lév.

小黄皮 *Clausena emarginata* C. C. Huang

假黄皮 *Clausena excavata* N. L. Burman

黄皮 *Clausena lansium*（Lour.）Skeels

云南黄皮 *Clausena yunnanensis* C. C. Huang

弄岗黄皮 *Clausena yunnanensis* var. *longgangensis* C. F. Liang & Y. X. Lu

（472）蜜茱萸属 *Melicope* J. R. Forst. & G. Forst.

三椏苦 *Melicope pteleifolia*（Champ. ex Benth.）Hartley

（473）山小橘属 *Glycosmis* Corrêa

锈毛山小橘 *Glycosmis esquirolii*（H. Lév.）Tanaka

少花山小橘 *Glycosmis oligantha* C. C. Huang

华山小橘 *Glycosmis pseudoracemosa*（Guillaumin）Swingle

小花山小橘 *Glycosmis parviflora* Kurz.

（474）小芸木属 *Micromelum* Blume

小芸木 *Micromelum integerrimum*（Buch.-Ham. ex DC.）Wight & Arn. ex M. Roem.

毛叶小芸木 *Micromelum integerrimum* var. *mollissimum* Tanaka

（475）九里香属 *Murraya* J.Koenig ex L.

九里香 *Murraya* exotica L.

广西九里香 *Murraya kwangsiensis*（C. C. Huang）C. C. Huang

九里香 *Murraya exotica* L.

（476）吴茱萸属 *Tetradium* Sweet

楝叶吴萸 *Tetradium glabrifolium*（Champ. ex Benth.）T. G. Hartley

牛斜吴萸 *Tetradium trichotomum* Lour.

石山吴萸 *Tetradium calcicola*（Chun ex C. C. Huang）T. G. Hartley

（477）花椒属 *Zanthoxylum* L.

竹叶花椒 *Zanthoxylum armatum* DC.

簕欓花椒 *Zanthoxylum avicennae*（Lam.）DC.

石山花椒 *Zanthoxylum calcicola* C. C. Huang

蚬壳花椒 *Zanthoxylum dissitum* Hemsl.

刺壳花椒 *Zanthoxylum echinocarpum* Hemsl.

拟蚬壳花椒 *Zanthoxylum laetum* Drake

两面针 *Zanthoxylum nitidum*（Roxb.）DC.

异叶花椒 *Zanthoxylum dimorphophyllum* Hemsl.

刺异叶花椒 *Zanthoxylum dimorphophyllum* var. *spinifolium* Rehder & E. H. Wilson

花椒簕 *Zanthoxylum scandens* Blume

（478）山油柑属 *Acronychia* J. R. Forst. & G. Forst.

山油柑 *Acronychia pedunculata*（L.）Miq.

89. 苦木科 Simaroubaceae

（479）臭椿属 *Ailanthus* Desf.

臭椿 *Ailanthus altissima*（Mill.）Swingle

（480）鸦胆子属 *Brucea* J. F. Mill.

柔毛鸦胆子 *Brucea mollis* Wall. ex Kurz.

（481）苦木属 *Picrasma* Blume

苦木 *Picrasma quassioides*（D. Don）Benn.

90. 楝科 Meliaceae

（482）米仔兰属 *Aglaia* Lour.

山椤 *Aglaia elaeagnoidea*（A. Juss.）Benth.

望谟崖摩 *Aglaia lawii*（Wight）C. J. Saldanha & Ramamorthy
米仔兰 *Aglaia odorata* Lour.
（483）山楝属 *Aphanamixis* Blume
山楝 *Aphanamixis polystachya*（Wall.）R. Parker
（484）麻楝属 *Chukrasia* A. Juss.
麻楝 *Chukrasia tabularis* A. Juss.
（485）浆果楝属 *Cipadessa* Blume
浆果楝 *Cipadessa baccifera*（Roth）Miq.
（486）樫木属 *Dysoxylum* Blume
红果樫木 *Dysoxylum gotadhora*（Buch.-Ham.）Mabberley
海南樫木 *Dysoxylum mollissimum* Blume
（487）鹧鸪花属 *Heynea* Roxb.
鹧鸪花 *Heynea trijuga* Roxb.
茸果鹧鸪花 *Heynea velutina* F. C. How & T. C. Chen
（488）楝属 *Melia* L.
楝 *Melia azedarach* L.
（489）香椿属 *Toona*（Endl.）M. Roem.
香椿 *Toona sinensis*（Juss.）Roem.
（490）割舌树属 *Walsura* Roxb.
割舌树 *Walsura robusta* Roxb.

91. 锦葵科 Malvaceae

（491）秋葵属 *Abelmoschus* Medik.
黄葵 *Abelmoschus moschatus* Medicus
（492）苘麻属 *Abutilon* Mill.
磨盘草 *Abutilon indicum*（L.）Sweet
（493）木槿属 *Hibiscus* L.
朱槿 *Hibiscus rosa-sinensis* L.
（494）赛葵属 *Malvastrum* A. Gray
赛葵 *Malvastrum coromandelianum*（L.）Garcke
（495）黄花棯属 *Sida* L.
黏毛黄花棯 *Sida mysorensis* Wight & Arn.
白背黄花棯 *Sida rhombifolia* L.
榛叶黄花棯 *Sida subcordata* Span.
黄花棯 *Sida acuta* Burm. F.

（496）梵天花属 *Urena* L.
地桃花 *Urena lobata* L.
梵天花 *Urena procumbens* L.
（497）梭罗树属 *Reevesia* Lindl.
瑶山梭罗树 *Reevesia glaucophylla* H. H. Hsue
（498）黄麻属 *Corchorus* L.
甜麻 *Corchorus aestuans* L.
黄麻 *Corchorus capsularis* L.
（499）独子椴属 *Diplodiscus* Turcz.
海南椴 *Diplodiscus trichospermus*（Merr.）Y. Tang
（500）蚬木属 *Excentrodendron* H. T. Chang & R. H. Miao
蚬木 *Excentrodendron tonkinense*（A. Chev.）H. T. Chang & R. H. Miao
（501）扁担杆属 *Grewia* L.
苘麻叶扁担杆 *Grewia abutilifolia* W. Vent ex Juss.
扁担杆 *Grewia biloba* G. Don
毛果扁担杆 *Grewia eriocarpa* Juss.
黄麻叶扁担杆 *Grewia henryi* Burret
无柄扁担杆 *Grewia sessilifolia* Gagnep.
（502）破布叶属 *Microcos* L.
破布叶 *Microcos paniculata* L.
（503）刺蒴麻属 *Triumfetta* L.
毛刺蒴麻 *Triumfetta cana* Blume
刺蒴麻 *Triumfetta rhomboidea* Jacq.
（504）昂天莲属 *Abroma* L. f.
昂天莲 *Abroma augustum*（L.）L. f.
（505）刺果麻属 *Ayenia* L.
刺果藤 *Ayenia grandifolia*（DC.）Christenh. & Byng
（506）火绳树属 *Eriolaena* DC.
桂火绳 *Eriolaena kwangsiensis* Hand.-Mazz.
（507）梧桐属 *Firmiana* Marsili
梧桐 *Firmiana simplex*（L.）W. Wight
广西火桐 *Firmiana kwangsiensis* H. H. Hsue
（508）山芝麻属 *Helicteres* L.
细齿山芝麻 *Helicteres glabriuscula* Wall.
剑叶山芝麻 *Helicteres lanceolata* DC.

（509）鹧鸪麻属 *Kleinhovia* L.
鹧鸪麻 *Kleinhovia hospita* L.
（510）翅子树属 *Pterospermum* Schreb.
翻白叶树 *Pterospermum heterophyllum* Hance
截裂翅子树 *Pterospermum truncatolobatum* Gagnep.
（511）苹婆属 *Sterculia* L.
粉苹婆 *Sterculia euosma* W. W. Sm.
海南苹婆 *Sterculia hainanensis* Merr. & Chun
假苹婆 *Sterculia lanceolata* Cav.
苹婆 *Sterculia monosperma* Vent.
家麻树 *Sterculia pexa* Pierre
（512）蛇婆子属 *Waltheria* L.
蛇婆子 *Waltheria indica* L.
（513）木棉属 *Bombax* L.
木棉 *Bombax ceiba* L.

92. 瑞香科 Thymelaeaceae

（514）荛花属 *Wikstroemia* Endl.
了哥王 *Wikstroemia indica*（L.）C. A. Mey.

93. 龙脑香科 Dipterocarpaceae

（515）柳安属 *Parashorea* Kurz
望天树 *Parashorea chinensis* H. Wang

94. 番木瓜科 Caricaceae

（516）番木瓜属 *Carica* L.
番木瓜 *Carica papaya* L.

95. 山柑科 Capparaceae

（517）山柑属 *Capparis Tourn.* ex L.
独行千里 *Capparis acutifolia* Sweet
广州山柑 *Capparis cantoniensis* Lour.
马槟榔 *Capparis masaikai* Levl.
雷公橘 *Capparis membranifolia* Kurz.
小刺山柑 *Capparis micracantha* DC.

青皮刺 *Capparis sepiaria* L.
无柄山柑 *Capparis subsessilis* B. S. Sun
小绿刺 *Capparis urophylla* F. Chun
（518）鱼木属 *Crateva* L.
树头菜 *Crateva unilocularis* Buch.-Ham.

96. 白花菜科 Cleomaceae

（519）黄花草属 *Arivela* Raf.
黄花草 *Arivela viscosa*（L.）Raf.

97. 十字花科 Brassicaceae

（520）荠属 *Capsella* Medik.
荠 *Capsella bursa-pastoris*（L.）Medik.
（521）蔊菜属 *Rorippa* Scop.
蔊菜 *Rorippa indica*（L.）Hiern

98. 铁青树科 Olacaceae

（522）赤苍藤属 *Erythropalum* Blume
赤苍藤 *Erythropalum scandens* Blume

99. 山柚子科 Opiliaceae

（523）山柑藤属 *Cansjera* Juss.
山柑藤 *Cansjera rheedei* J. F. Gmel.
（524）台湾山柚属 *Champereia* Griff.
茎花山柚 *Champereia manillana* var. *longistaminea*（W. Z. Li）H. S. Kiu

100. 蛇菰科 Balanophoraceae

（525）蛇菰属 *Balanophora* J. R. Forst. & G. Forst.
红冬蛇菰 *Balanophora harlandii* Hook. f.
印度蛇菰 *Balanophora indica*（Arn.）Griff.
筒鞘蛇菰 *Balanophora involucrata* Hook. f.
多蕊蛇菰 *Balanophora polyandra* Griff.

101. 檀香科 Santalaceae

（526）槲寄生属 *Viscum* L.
瘤果槲寄生 *Viscum ovalifolium* DC.

（527）沙针属 *Osyris* L.
沙针 *Osyris lanceolata* Hochst. & Steud.
（528）硬核属 *Scleropyrum* Arn.
硬核 *Scleropyrum wallichianum*（Wight & Arn.）Arn.

102. 桑寄生科 Loranthaceae

（529）离瓣寄生属 *Helixanthera* Lour.
离瓣寄生 *Helixanthera parasitica* Lour.
（530）鞘花属 *Macrosolen*（Blume）Reichb.
鞘花 *Macrosolen cochinchinensis*（Lour.）Tiegh.
（531）梨果寄生属 *Scurrula* L.
红花寄生 *Scurrula parasitica* L.
（532）钝果寄生属 *Taxillus* Tiegh.
广寄生 *Taxillus chinensis*（DC.）Danser
（533）大苞寄生属 *Tolypanthus*（Blume）Reichb.
大苞寄生 *Tolypanthus maclurei*（Merr.）Danser

103. 白花丹科 Plumbaginaceae

（534）白花丹属 *Plumbago* L.
白花丹 *Plumbago zeylanica* L.

104. 蓼科 Polygonaceae

（535）蓼属 *Persicaria*（L.）Mill.
火炭母 *Persicaria chinensis*（L.）H. Gross
硬毛火炭母 *Persicaria chinensis* var. *hispida*（Hook. f.）Kantachot
水蓼 *Persicaria hydropiper*（L.）Spach
愉悦蓼 *Persicaria jucunda*（Meisn.）Migo
扛板归 *Persicaria perfoliata*（L.）H. Gross
丛枝蓼 *Persicaria posumbu*（Buch.-Ham. ex D. Don）H. Gross

105. 石竹科 Lycopodiaceae

（536）短瓣花属 *Brachystemma* D. Don
短瓣花 *Brachystemma calycinum* D. Don
（537）荷莲豆草属 *Drymaria* Willd. ex Schult.
荷莲豆草 *Drymaria cordata*（L.）Willdenow ex Schultes

106. 苋科 Amaranthaceae

（538）牛膝属 *Achyranthes* L.
土牛膝 *Achyranthes aspera* L.
牛膝 *Achyranthes bidentata* Blume
（539）白花苋属 *Ouret* Adans.
白花苋 *Ouret sanguinolenta*（L.）Kuntze
（540）莲子草属 *Alternanthera* Forssk.
莲子草 *Alternanthera sessilis*（L.）R. Br. ex DC.
（541）青葙属 *Celosia* L.
青葙 *Celosia argentea* L.
（542）浆果苋属 *Deeringia* R. Br.
浆果苋 *Deeringia amaranthoides*（Lam.）Merr.
（543）藜属 *Chenopodium* L.
杖藜 *Chenopodium giganteum* D. Don

107. 紫茉莉科 Nyctaginaceae

（544）叶子花属 *Bougainvillea* Comm. ex Juss.
叶子花 *Bougainvillea spectabilis* Willd.

108. 粟米草科 Molluginaceae

（545）粟米草属 *Trigastrotheca* F. Muell.
粟米草 *Trigastrotheca stricta*（L.）Thulin

109. 落葵科 Basellaceae

（546）落葵属 *Basella* L.
落葵 *Basella alba* L.

110. 仙人掌科 Cactaceae

（547）蛇鞭柱属 *Selenicereus* Britton & Rose
量天尺 *Selenicereus undatus*（Haw.）D. R. Hunt
（548）仙人掌属 *Opuntia* Mill.
仙人掌 *Opuntia dillenii*（Ker Gawl.）Haw.

111. 山茱萸科 Cornaceae

（549）山茱萸属 *Cornus* L.
光皮梾木 *Cornus wilsoniana* Wangerin
（550）八角枫属 *Alangium* Lam.
髯毛八角枫 *Alangium barbatum*（R. Br.）Baill.
八角枫 *Alangium chinense*（Lour.）Harms
云山八角枫 *Alangium kurzii* var. *handelii*（Schnarf）W. P. Fang
东京八角枫 *Alangium tonkinense* Gagnep.
瓜木 *Alangium platanifolium*（Siebold & Zucc.）Harms

112. 凤仙花科 Balsaminaceae

（551）凤仙花属 *Impatiens* L.
大叶凤仙花 *Impatiens apalophylla* Hook. f.
绿萼凤仙花 *Impatiens chlorosepala* Hand.-Mazz.
棒凤仙花 *Impatiens clavigera* J. D. Hooker
龙州凤仙花 *Impatiens morsei* Hook. f.
棱茎凤仙花 *Impatiens angulata* S. X. Yu

113. 五列木科 Pentaphylacaceae

（552）柃属 *Eurya* Thunb.
岗柃 *Eurya groffii* Merr.
细齿叶柃 *Eurya nitida* Korth.

114. 山榄科 Sapotaceae

（553）金叶树属 *Donella* Pierre ex Baill.
金叶树 *Donella lanceolata* var. *stellatocarpa*（P. Royen）X. Y. Zhuang
（554）紫荆木属 *Madhuca* J. F. Gmel.
紫荆木 *Madhuca pasquieri*（Dubard）H. J. Lam
（555）桃榄属 *Pouteria* Aubl.
桃榄 *Pouteria annamensis*（Pierre）Baehni
（556）铁榄属 *Sinosideroxylon*（Engl.）Aubr.
毛叶铁榄 *Sinosideroxylon pedunculatum* var. *pubifolium* H. Chuang
革叶铁榄 *Sinosideroxylon wightianum*（Hook. & Arn.）Aubrév.
铁榄 *Sinosideroxylon pedunculatum*（Hemsl.）H. Chuang

115. 柿科 Ebenaceae

（557）柿属 *Diospyros* L.
乌材 *Diospyros eriantha* Champion ex Bentham
海南柿 *Diospyros hainanensis* Merr.
油柿 *Diospyros oleifera* Cheng
石山柿 *Diospyros saxatilis* S. K. Lee
山榄叶柿 *Diospyros siderophylla* H. L. Li
崖柿 *Diospyros chunii* F. P. Metcalf & L. Chen
小萼柿 *Diospyros minutisepala* Kottaim

116. 报春花科 Primulaceae

（558）紫金牛属 *Ardisia* Sw.
罗伞树 *Ardisia quinquegona* Blume
凹脉紫金牛 *Ardisia brunnescens* E. Walker
肉茎紫金牛 *Ardisia carnosicaulis* C. Chen & D. Fang
小紫金牛 *Ardisia chinensis* Benth.
伞形紫金牛 *Ardisia corymbifera* Mez
朱砂根 *Ardisia crenata* Sims
块根紫金牛 *Ardisia pseudocrispa* Pit.
紫脉紫金牛 *Ardisia purpureovillosa* C. Y. Wu & C. Chen ex C. M. Hu
南方紫金牛 *Ardisia thyrsiflora* D. Don
（559）酸藤子属 *Embelia* Burm. f.
酸藤子 *Embelia laeta*（L.）Mez
瘤皮孔酸藤子 *Embelia scandens*（Lour.）Mez
平叶酸藤子 *Embelia undulata*（Wall.）Mez
（560）杜茎山属 *Maesa* Forssk.
顶花杜茎山 *Maesa balansae* Mez
杜茎山 *Maesa japonica*（Thunb.）Moritzi
鲫鱼胆 *Maesa perlarius*（Lour.）Merr.
（561）铁仔属 *Myrsine* L.
广西密花树 *Myrsine kwangsiensis*（E. Walker）Pipoly & C. Chen
密花树 *Myrsine seguinii* H. Lév.
（562）珍珠菜属 *Lysimachia* L.
莛花香草 *Lysimachia scapiflora* C. M. Hu

117. 山茶科 Theaceae

（563）山茶属 *Camellia* L.
长尾毛蕊茶 *Camellia caudata* Wall.
薄叶金花茶 *Camellia chrysanthoides* Hung T. Chang
淡黄金花茶 *Camellia flavida* Hung T. Chang
凹脉金花茶 *Camellia impressinervis* Hung T. Chang & S. Y. Liang
中越金花茶 *Camellia indochinensis* Merr.
茶 *Camellia sinensis*（L.）Kuntze

118. 山矾科 Symplocaceae

（564）山矾属 *Symplocos* Jacq.
越南山矾 *Symplocos cochinchinensis*（Lour.）S. Moore
白檀 *Symplocos tanakana* Nakai
少脉山矾 *Symplocos paucinervia* Noot.
山矾 *Symplocos sumuntia* Buch.-Ham. ex D. Don

119. 安息香科 Styracaceae

（565）安息香属 *Styrax* L.
中华安息香 *Styrax chinensis* Hu & S. Ye Liang

120. 猕猴桃科 Actinidiaceae

（566）猕猴桃属 *Actinidia* Lindl.
中越猕猴桃 *Actinidia indochinensis* Merr.
阔叶猕猴桃 *Actinidia latifolia*（Gardner & Champ.）Merr.
（567）水东哥属 *Saurauia* Willd.
水东哥 *Saurauia tristyla* DC.

121. 茶茱萸科 Icacinaceae

（568）柴龙树属 *Apodytes* E. Mey. ex Arn.
柴龙树 *Apodytes dimidiata* E. Mey. ex Arn.
（569）微花藤属 *Iodes* Blume
大果微花藤 *Iodes balansae* Gagnep.
微花藤 *Iodes cirrhosa* Turcz.
小果微花藤 *Iodes vitiginea*（Hance）Hance

122. 茜草科 Rubiaceae

（570）水团花属 *Adina* Salisb.
细叶水团花 *Adina rubella* Hance
水团花 *Adina pilulifera*（Lam.）Franch. ex Drake
（571）茜树属 *Aidia* Lour.
茜树 *Aidia cochinchinensis* Lour.
（572）钮扣草属 *Spermacoce* L.
阔叶丰花草 *Spermacoce alata* Aubl.
（573）鱼骨木属 *Psydrax* Gaertn.
鱼骨木 *Psydrax dicocca* Gaertn.
（574）猪肚木属 *Canthium* Lam.
猪肚木 *Canthium horridum* Blume
大叶猪肚木 *Canthium simile* Merr. & Chun
（575）山石榴属 *Catunaregam* Wolf
山石榴 *Catunaregam spinosa*（Thunb.）Tirveng.
（576）弯管花属 *Chassalia* Comm. ex Poir.
弯管花 *Chassalia curviflora*（Wall.）Thwaites
（577）狗骨柴属 *Diplospora* DC.
毛狗骨柴 *Diplospora fruticosa* Hemsl.
（578）长柱山丹属 *Duperrea* Pierre ex Pit.
长柱山丹 *Duperrea pavettifolia*（Kurz）Pit.
（579）爱地草属 *Geophila* D. Don
爱地草 *Geophila repens*（L.）I. M. Johnst.
（580）耳草属 *Hedyotis* L.
细叶亚婆潮 *Hedyotis auricularia* var. *mina* W. C. Ko
牛白藤 *Hedyotis hedyotidea*（DC.）Merr.
（581）网籽耳草属 *Leptopetalum* Hook. & Arn.
双花耳草 *Leptopetalum biflorum*（L.）Neupane & N. Wikstr.
翅果耳草 *Leptopetalum pteritum*（Blume）Neupane & N. Wikstr.
（582）蛇舌草属 *Scleromitrion*（Wight & Arn.）Meisn.
粗叶耳草 *Scleromitrion verticillatum*（L.）R. J. Wang
（583）土连翘属 *Hymenodictyon* Wall.
土连翘 *Hymenodictyon flaccidum* Wall.

（584）龙船花属 *Ixora* L.

白花龙船花 *Ixora henryi* H. Lév.

（585）红芽大戟属 *Knoxia* L.

红芽大戟 *Knoxia sumatrensis*（Retz.）DC.

（586）野丁香属 *Leptodermis* Wall.

广东野丁香 *Leptodermis vestita* Hemsl.

（587）巴戟天属 *Morinda* L.

羊角藤 *Morinda umbellata* subsp. *obovata* Y. Z. Ruan

（588）玉叶金花属 *Mussaenda* L.

展枝玉叶金花 *Mussaenda divaricata* Hutch.

楠藤 *Mussaenda erosa* Champ. ex Benth.

粗毛玉叶金花 *Mussaenda hirsutula* Miq.

玉叶金花 *Mussaenda pubescens* W. T. Aiton

大叶白纸扇 *Mussaenda shikokiana* Makino

（589）腺萼木属 *Mycetia* Reinw.

华腺萼木 *Mycetia sinensis*（Hemsl.）Craib

（590）密脉木属 *Myrioneuron* R. Br. ex Benth. & Hook. f.

越南密脉木 *Myrioneuron tonkinensis* Pit.

（591）团花属 *Neolamarckia* Bosser

团花 *Neolamarckia cadamba*（Roxb.）Bosser

（592）蛇根草属 *Ophiorrhiza* L.

广州蛇根草 *Ophiorrhiza cantonensis* Hance

日本蛇根草 *Ophiorrhiza japonica* Blume

短小蛇根草 *Ophiorrhiza pumila* Champ. & Benth.

（593）鸡爪簕属 *Benkara* Adans.

鸡爪簕 *Benkara sinensis*（Lour.）Ridsdale

（594）鸡屎藤属 *Paederia* L.

鸡屎藤 *Paederia foetida* L.

狭序鸡屎藤 *Paederia stenobotrya* Merr.

（595）大沙叶属 *Pavetta* L.

香港大沙叶 *Pavetta hongkongensis* Bremek.

多花大沙叶 *Pavetta polyantha*（Hook. f.）R. Br. ex Bremek.

（596）槽裂木属 *Pertusadina* Ridsd.

海南槽裂木 *Pertusadina metcalfii*（Merrill ex H. L. Li）Y. F. Deng & C. M. Hu

（597）南山花属 *Prismatomeris* Thwaites
南山花 *Prismatomeris tetrandra*（Roxb.）K. Schum.
（598）九节属 *Psychotria* L.
驳骨九节 *Psychotria prainii* H. Lév.
九节 *Psychotria asiatica* L.
蔓九节 *Psychotria serpens* L.
黄脉九节 *Psychotria straminea* Hutch.
（599）茜草属 *Rubia* L.
金剑草 *Rubia alata* Wall.
茜草 *Rubia cordifolia* L.
（600）越南茜属 *Rubovietnamia* Tirveng.
弄岗越南茜 *Rubovietnamia nonggangensis* F. J. Mou & D. X. Zhang
（601）白马骨属 *Serissa* Comm. ex Juss.
白马骨 *Serissa serissoides*（DC.）Druce
（602）鸡仔木属 *Sinoadina* Ridsdale
鸡仔木 *Sinoadina racemosa*（Siebold & Zucc.）Ridsdale
（603）螺序草属 *Spiradiclis* Blume
红花螺序草 *Spiradiclis coccinea* H. S. Lo
心叶螺序草 *Spiradiclis cordata* H. S. Lo & W. L. Sha
长苞螺序草 *Spiradiclis longibracteata* S. Y. Liu & S. J. Wei
长梗螺序草 *Spiradiclis longipedunculata* W. L. Sha & X. X. Chen
龙州螺序草 *Spiradiclis longzhouensis* H. S. Lo
紫花螺序草 *Spiradiclis purpureocaerulea* H. S. Lo
匙叶螺序草 *Spiradiclis spathulata* X. X. Chen & C. C. Huang
伞花螺序草 *Spiradiclis umbelliformis* H. S. Lo
（604）乌口树属 *Tarenna* Gaertn.
假桂乌口树 *Tarenna attenuata*（Hook. f.）Hutch.
白皮乌口树 *Tarenna depauperata* Hutch.
白花苦灯笼 *Tarenna mollissima*（Hook. & Arn.）B. L. Rob.
（605）岭罗麦属 *Tarennoidea* Tirveng. & Sastre
岭罗麦 *Tarennoidea wallichii*（Hook. f.）Tirveng. & Sastre
（606）钩藤属 *Uncaria* Schreb.
毛钩藤 *Uncaria hirsuta* Havil.
大叶钩藤 *Uncaria macrophylla* Wall.
钩藤 *Uncaria rhynchophylla*（Miq.）Miq. ex Havil.

白钩藤 *Uncaria sessilifructus* Roxb.
（607）水锦树属 *Wendlandia* Bartl. ex DC.
密花水锦树 *Wendlandia myriantha* F. C. How
龙州水锦树 *Wendlandia oligantha* W. C. Chen
粗叶水锦树 *Wendlandia scabra* Kurz
毛冠水锦树 *Wendlandia tinctoria* subsp. *affinis* K. C. How
东方水锦树 *Wendlandia tinctoria* subsp. *orientalis* Cowan
水锦树 *Wendlandia uvariifolia* Hance

123. 龙胆科 Gentianaceae

（608）穿心草属 *Canscora* Lam.
穿心草 *Canscora lucidissima*（H. Lév. & Vaniot）Hand.-Mazz.
（609）龙胆属 *Gentiana*（Tourn.）L.
华南龙胆 *Gentiana loureiroi*（G. Don）Griseb.

124. 马钱科 Loganiaceae

（610）蓬莱葛属 *Gardneria* Wall.
蓬莱葛 *Gardneria multiflora* Makino
（611）度量草属 *Mitreola* L.
网子度量草 *Mitreola reticulata* Tirel

125. 夹竹桃科 Apocynaceae

（612）香花藤属 *Aganosma* G. Don
海南香花藤 *Aganosma schlechteriana* H. Lév.
（613）鸡骨常山属 *Alstonia* R. Br.
竹叶羊角棉 *Alstonia neriifolia* D. Don
糖胶树 *Alstonia scholaris*（L.）R. Br.
（614）链珠藤属 *Alyxia* Banks ex R. Br.
橄榄果链珠藤 *Alyxia balansae* Pit.
（615）鳝藤属 *Anodendron* A. DC.
鳝藤 *Anodendron affine*（Hook. & Arn.）Druce
（616）清明花属 *Beaumontia* Wall.
清明花 *Beaumontia grandiflora* Wall.
（617）鹿角藤属 *Chonemorpha* G. Don
大叶鹿角藤 *Chonemorpha fragrans*（Moon）Alston

小花鹿角藤 *Chonemorpha parviflora* Tsiang & P. T. Li
（618）腰骨藤属 *Ichnocarpus* R. Br.
小花藤 *Ichnocarpus polyanthus*（Blume）P. I. Forst.
（619）山橙属 *Melodinus* J. R. Forst. & G. Forst.
尖山橙 *Melodinus fusiformis* Champ. ex Benth.
（620）同心结属 *Parsonsia* R. Br.
广西同心结 *Parsonsia goniostemon* Hand.-Mazz.
（621）鸡蛋花属 *Plumeria* L.
鸡蛋花 *Plumeria rubra* L.
（622）萝芙木属 *Rauvolfia* L.
萝芙木 *Rauvolfia verticillata*（Lour.）Baill.
（623）络石属 *Trachelospermum* Lem.
紫花络石 *Trachelospermum axillare* Hook. f.
短柱络石 *Trachelospermum brevistylum* Hand.-Mazz.
络石 *Trachelospermum jasminoides*（Lindl.）Lem.
（624）水壶藤属 *Urceola* Roxb.
杜仲藤 *Urceola micrantha*（Wall. ex G. Don）D. J. Middleton
酸叶胶藤 *Urceola rosea*（Hook. & Arn.）D. J. Middleton
（625）倒吊笔属 *Wrightia* R. Br.
胭木 *Wrightia arborea*（Dennst.）Mabb.
云南倒吊笔 *Wrightia coccinea*（Lodd.）Sims
蓝树 *Wrightia laevis* Hook. f.
倒吊笔 *Wrightia pubescens* R. Br.
个溥 *Wrightia sikkimensis* Gamble
（626）鹅绒藤属 *Cynanchum* L.
乳突果 *Cynanchum gracillimum* Wall. ex Wight
（627）马利筋属 *Asclepias* L.
马利筋 *Asclepias curassavica* L.
（628）白叶藤属 *Cryptolepis* R. Br.
古钩藤 *Cryptolepis buchananii* Schult.
白叶藤 *Cryptolepis sinensis*（Lour.）Merr.
（629）眼树莲属 *Dischidia* R. Br.
尖叶眼树莲 *Dischidia australis* Tsiang & P. T. Li
眼树莲 *Dischidia chinensis* Champ. ex Benth.
滴锡眼树莲 *Dischidia tonkinensis* Costantin

（630）南山藤属 *Dregea* E. Mey.

南山藤 *Dregea volubilis*（L. f.）Benth. ex Hook. f.

（631）匙羹藤属 *Gymnema* R. Br.

广东匙羹藤 *Gymnema inodorum*（Lour.）Decne.

匙羹藤 *Gymnema sylvestre*（Retz.）R. Br. ex Schult.

（632）醉魂藤属 *Heterostemma* Wight & Arn.

醉魂藤 *Heterostemma alatum* Wight

催乳藤 *Heterostemma oblongifolium* Costantin

灵山醉魂藤 *Heterostemma tsoongii* Tsiang

长毛醉魂藤 *Heterostemma villosum* Cost.

（633）球兰属 *Hoya* R. Br.

球兰 *Hoya carnosa*（L. f.）R. Br.

厚花球兰 *Hoya dasyantha* Tsiang

护耳草 *Hoya fungii* Merr.

荷秋藤 *Hoya griffithii* Hook. f.

凸脉球兰 *Hoya nervosa* Tsiang & P. T. Li

毛球兰 *Hoya villosa* Costantin

（634）牛奶菜属 *Marsdenia* R. Br.

大叶牛奶菜 *Marsdenia koi* Tsiang

假蓝叶藤 *Marsdenia pseudotinctoria* Tsiang

蓝叶藤 *Marsdenia tinctoria* R. Br.

（635）尖槐藤属 *Oxystelma* R. Br.

尖槐藤 *Oxystelma esculentum*（L. f.）Sm.

（636）石萝藦属 *Pentasachme* Wall. ex Wight

石萝藦 *Pentasachme caudata* Wall. ex Wight

（637）鲫鱼藤属 *Secamone* R. Br.

鲫鱼藤 *Secamone elliptica* R. Br.

吊山桃 *Secamone sinica* Hand.-Mazz.

（638）马莲鞍属 *Streptocaulon* Wight & Arn.

马莲鞍 *Streptocaulon juventas*（Lour.）Merr.

（639）夜来香属 *Telosma* Coville

卧茎夜来香 *Telosma procumbens*（Blanco）Merr.

（640）娃儿藤属 *Tylophora* Wolf

娃儿藤 *Tylophora ovata*（Lindl.）Hook. ex Steud.

阔叶娃儿藤 *Tylophora astephanoides* Tsiang & P. T. Li

126. 紫草科 Boraginaceae

（641）破布木属 *Cordia* L.
破布木 *Cordia dichotoma* G. Forst.
二叉破布木 *Cordia furcans* I. M. Johnst.
（642）琉璃草属 *Cynoglossum* L.
琉璃草 *Cynoglossum furcatum* Wall.
（643）厚壳树属 *Ehretia* L.
上思厚壳树 *Ehretia tsangii* I. M. Johnst.
（644）天芥菜属 *Heliotropium* L.
大尾摇 *Heliotropium indicum* L.
（645）紫丹属 *Tournefortia* L.
紫丹 *Tournefortia montana* Lour.

127. 旋花科 Convolvulaceae

（646）银背藤属 *Argyreia* Lour.
白鹤藤 *Argyreia acuta* Lour.
头花银背藤 *Argyreia capitiformis*（Poir.）Ooststr.
东京银背藤 *Argyreia pierreana* Bois
（647）菟丝子属 *Cuscuta* L.
菟丝子 *Cuscuta chinensis* Lam.
金灯藤 *Cuscuta japonica* Choisy
（648）马蹄金属 *Dichondra* J. R. Forst. & G. Forst.
马蹄金 *Dichondra micrantha* Urb.
（649）飞蛾藤属 *Dinetus* Buch.-Ham. ex D. Don
飞蛾藤 *Dinetus racemosus*（Wall.）Buch.-Ham. ex Sweet
（650）土丁桂属 *Evolvulus* L.
土丁桂 *Evolvulus alsinoides*（L.）L.
（651）猪菜藤属 *Hewittia* Wight & Arn.
猪菜藤 *Hewittia malabarica*（L.）Suresh
（652）小牵牛属 *Jacquemontia* Choisy
小牵牛 *Jacquemontia paniculata*（Burm. f.）Hallier f.
（653）鱼黄草属 *Merremia* Dennst. ex Endl.
金钟藤 *Merremia boisiana*（Gagnep.）Ooststr.
篱栏网 *Merremia hederacea*（Burm. f.）Hallier f.

（654）马尾藤属 *Porana* Burm. f.
美飞蛾藤 *Porana spectabilis* Kurz
（655）三翅藤属 *Tridynamia* Gagnep.
大花三翅藤 *Tridynamia megalantha*（Merr.）Staples

128. 茄科 Solanaceae

（656）夜香树属 *Cestrum* L.
夜香树 *Cestrum nocturnum* L.
（657）红丝线属 *Lycianthes*（Dunal）Hassl.
红丝线 *Lycianthes biflora*（Lour.）Bitter
（658）洋酸浆属 *Physalis* L.
苦蘵 *Physalis angulata* L.
（659）茄属 *Solanum* L.
牛茄子 *Solanum capsicoides* All.
假烟叶树 *Solanum erianthum* D. Don
白英 *Solanum lyratum* Thunb.
水茄 *Solanum torvum* Sw.
刺天茄 *Solanum violaceum* Ortega
喀西茄 *Solanum aculeatissimum* auct. non Jacq.; C. C. Hsu
少花龙葵 *Solanum americanum* Mill.

129. 木樨科 Oleaceae

（660）流苏树属 *Chionanthus* L.
广西李榄 *Chionanthus guangxiensis* B. M. Miao
枝花李榄 *Chionanthus ramiflorus* Roxb.
（661）梣属 *Fraxinus* L.
苦枥木 *Fraxinus insularis* Hemsl.
（662）素馨属 *Jasminum* L.
白萼素馨 *Jasminum albicalyx* Kobuski
樟叶素馨 *Jasminum cinnamomifolium* Kobuski
咖啡素馨 *Jasminum coffeinum* Hand.-Mazz.
丛林素馨 *Jasminum duclouxii*（H. Lév.）Rehder
扭肚藤 *Jasminum elongatum*（Bergius）Willd.
广西素馨 *Jasminum guangxiense* B. M. Miao
清香藤 *Jasminum lanceolaria* Roxb.

栀花素馨 *Jasminum lang* Gagnep.
桂叶素馨 *Jasminum laurifolium* Roxb.
长管素馨 *Jasminum longitubum* L. C. Chia ex B. M. Miao
小萼素馨 *Jasminum microcalyx* Hance
青藤仔 *Jasminum nervosum* Lour.
厚叶素馨 *Jasminum pentaneurum* Hand.-Mazz.
亮叶素馨 *Jasminum seguinii* H. Lév.
密花素馨 *Jasminum tonkinense* Gagnep.
川素馨 *Jasminum urophyllum* Hemsl.
绒毛素馨 *Jasminum hongshuihoense* Jien
（663）女贞属 *Ligustrum* L.
小蜡 *Ligustrum sinense* Lour.
异型小蜡 *Ligustrum sinense* var. *dissimile* S. J. Hao
（664）木樨榄属 *Olea* L.
海南木樨榄 *Olea hainanensis* H. L. Li

130. 苦苣苔科 Gesneriaceae

（665）报春苣苔属 *Primulina* Hance
牛耳朵 *Primulina eburnea*（Hance）Yin Z. Wang
蚂蟥七 *Primulina fimbrisepala*（Hand.-Mazz.）Yin Z. Wang
肥牛草 *Primulina hedyotidea*（Chun）Yin Z. Wang
疏花报春苣苔 *Primulina laxiflora*（W. T. Wang）Yin Z. Wang
弄岗报春苣苔 *Primulina longgangensis*（W. T. Wang）Yan Liu & Yin Z. Wang
微斑报春苣苔 *Primulina minutimaculata*（D. Fang & W. T. Wang）Yin Z. Wang
龙州报春苣苔 *Primulina lungzhouensis*（W. T. Wang）Mich. Möller & A. Weber
尖萼报春苣苔 *Primulina pungentisepala*（W. T. Wang）Mich. Möller & A. Weber
刺齿报春苣苔 *Primulina spinulosa*（D. Fang & W. T. Wang）Yin Z. Wang
光叶报春苣苔 *Primulina leiophylla*（W. T. Wang）Yin Z. Wang
文采报春苣苔 *Primulina wentsaii*（D. Fang & L. Zeng）Yin Z. Wang
中越报春苣苔 *Primulina sinovietnamica* W. H. Wu & Qiang Zhang
（666）唇柱苣苔属 *Chirita* Buch.-Ham. ex D. Don
宁明唇柱苣苔 *Chirita ningmingensis*Yan Liu & W. H. Wu
（667）异叶苣苔属 *Whytockia* W. W. Sm.
异叶苣苔 *Whytockia chiritiflora*（Oliv.）W. W. Sm.

（668）钩序苣苔属 *Microchirita* Yin Z. Wang

钩序苣苔 *Microchirita hamosa*（R. Br.）Yin Z. Wang

（669）盾座苣苔属 *Epithema* Blume

盾座苣苔 *Epithema carnosum*（G. Don）Benth

（670）半蒴苣苔属 *Hemiboea* C. B. Clarke

华南半蒴苣苔 *Hemiboea follicularis* C. B. Clarke

弄岗半蒴苣苔 *Hemiboea longgangensis* Z. Yu Li

龙州半蒴苣苔 *Hemiboea longzhouensis* W. T. Wang ex Z. Yu Li

（671）吊石苣苔属 *Lysionotus* D. Don

长圆吊石苣苔 *Lysionotus oblongifolius* W. T. Wang

（672）喜鹊苣苔属 *Ornithoboea* Parish ex C. B. Clarke

喜鹊苣苔 *Ornithoboea henryi* Craib

滇桂喜鹊苣苔 *Ornithoboea wildeana* Craib

（673）蛛毛苣苔属 *Paraboea*（Clarke）Ridley

网脉蛛毛苣苔 *Paraboea dictyoneura*（Hance）Burtt

锈色蛛毛苣苔 *Paraboea rufescens*（Franch.）Burtt

蛛毛苣苔 *Paraboea sinensis*（Oliv.）Burtt

锥序蛛毛苣苔 *Paraboea swinhoei*（Hance）B. L. Burtt

中越蛛毛苣苔 *Paraboea sinovietnamica* W. B. Xu & J. Guo

（674）石山苣苔属 *Petrocodon* Hance

石山苣苔 *Petrocodon dealbatus* Hance

弄岗石山苣苔 *Petrocodon longgangensis* W. H. Wu & W. B. Xu

（675）异裂苣苔属 *Pseudochirita* W. T. Wang

粉绿异裂苣苔 *Pseudochirita guangxiensis* var. *glauca* Y. G. Wei & Yan Liu

异裂苣苔 *Pseudochirita guangxiensis*（S. Z. Huang）W. T. Wang

（676）芒毛苣苔属 *Aeschynanthus* Jack

广西芒毛苣苔 *Aeschynanthus austroyunnanensis* var. *guangxiensis*（Chun ex W. T. Wang）W. T. Wang

131. 车前科 Plantaginaceae

（677）车前属 *Plantago* L.

大车前 *Plantago major* L.

车前 *Plantago asiatica* L.

132. 玄参科 Scrophulariaceae

（678）醉鱼草属 *Buddleja* L.
浆果醉鱼草 *Buddleja madagascariensis* Lam.
密蒙花 *Buddleja officinalis* Maxim.

133. 母草科 Linderniaceae

（679）陌上菜属 *Lindernia* All.
母草 *Lindernia crustacea*（L.）F. Muell.
旱田草 *Lindernia ruellioides*（Colsm.）Pennell
（680）苦玄参属 *Picria* Lour.
苦玄参 *Picria felterrae* Lour.
（681）蝴蝶草属 *Torenia* L.
单色蝴蝶草 *Torenia concolor* Lindl.
黄花蝴蝶草 *Torenia flava* Buch.-Ham. ex Benth.
蓝猪耳 *Torenia fournieri* Linden ex E. Fourn.

134. 爵床科 Acanthaceae

（682）十万错属 *Asystasia* Blume
十万错 *Asystasia nemorum* Nees
（683）假杜鹃属 *Barleria* L.
假杜鹃 *Barleria cristata* L.
（684）钟花草属 *Codonacanthus* Nees
钟花草 *Codonacanthus pauciflorus*（Nees）Nees
（685）狗肝菜属 *Dicliptera* Juss.
狗肝菜 *Dicliptera chinensis*（L.）Juss.
（686）恋岩花属 *Echinacanthus* Nees
长柄恋岩花 *Echinacanthus longipes* H. S. Lo & D. Fang
龙州恋岩花 *Echinacanthus longzhouensis* H. S. Lo
（687）喜花草属 *Eranthemum* L.
喜花草 *Eranthemum pulchellum* Andrews
（688）裸柱草属 *Gymnostachyum* Nees
矮裸柱草 *Gymnostachyum subrosulatum* H. S. Lo
龙州裸柱草 *Gymnostachyum morsei* Y. F. Deng

（689）水蓑衣属 *Hygrophila* R. Br.

水蓑衣 *Hygrophila ringens*（L.）R. Brown ex Spreng.

（690）叉序草属 *Isoglossa* Oerst.

叉序草 *Isoglossa collina*（T. Anderson）B. Hansen

（691）爵床属 *Justicia* L.

爵床 *Justicia procumbens* L.

喀西爵床 *Justicia mollissima*（Nees）Y. F. Deng & T. F. Daniel

琴叶爵床 *Justicia panduriformis* Benoist

紫苞爵床 *Justicia latiflora* Hemsl.

华南爵床 *Justicia austrosinensis* H. S. Lo & D. Fang

桂南爵床 *Justicia austroguangxiensis* H. S. Lo & D. Fang

棱茎爵床 *Justicia acutangula* H. S. Lo & D. Fang

南岭爵床 *Justicia leptostachya* Hemsl.

黑叶小驳骨 *Justicia ventricosa* Wall. ex Hook. f.

小驳骨 *Justicia gendarussa* Burm. f.

（692）野靛棵属 *Mananthes* Bremek.

滇野靛棵 *Mananthes vasculosa*（Ness）Bremek.

（693）纤穗爵床属 *Leptostachya* Nees

纤穗爵床 *Leptostachya wallichii* Nees

（694）观音草属 *Peristrophe* Nees

九头狮子草 *Peristrophe japonica*（Thunb.）Bremek.

（695）鳔冠花属 *Cystacanthus* T. Anderson

广西鳔冠花 *Cystacanthus colaniae*（Benoist）Y. F. Deng

糙叶鳔冠花 *Cystacanthus vitellinus*（Roxb.）Y. F. Deng

（696）山壳骨属 *Pseuderanthemum* Radlk.

云南山壳骨 *Pseuderanthemum crenulatum*（Wall. ex Lindl.）Radlk.

山壳骨 *Pseuderanthemum latifolium*（Vahl）B. Hansen

多花山壳骨 *Pseuderanthemum polyanthum*（C. B. Clarke ex Oliu.）Merr.

（697）孩儿草属 *Rungia* Nees

孩儿草 *Rungia pectinata*（L.）Nees

（698）马蓝属 *Strobilanthes* Blume

海南马蓝 *Strobilanthes anamitica* Kuntze

板蓝 *Strobilanthes cusia*（Nees）Kuntze

龙州马蓝 *Strobilanthes longzhouensis* H. S. Lo & D. Fang

弄岗马蓝 *Strobilanthes longgangensis* D. Fang & H. S. Lo

球花马蓝 *Strobilanthes dimorphotricha* Hance
锈背马蓝 *Strobilanthes ferruginea* D. Fang & H. S. Lo
尾苞紫云菜 *Strobilanthes mucronatoproducta* Lindau
（699）山牵牛属 *Thunbergia* Retz.
山牵牛 *Thunbergia grandiflora* Roxb.
（700）芦莉草属 *Ruellia* L.
蓝花草 *Ruellia simplex* C. Wright

135. 紫葳科 Bignoniaceae

（701）猫尾木属 *Markhamia* Seem. ex Baill.
毛叶猫尾木 *Markhamia stipulata* var. *kerrii* Sprague
猫尾木 *Markhamia stipulata*（Wall.）Seem. ex K. Schum.
（702）木蝴蝶属 *Oroxylum* Vent.
木蝴蝶 *Oroxylum indicum*（L.）Kurz
（703）菜豆树属 *Radermachera* Zoll. & Moritzi
美叶菜豆树 *Radermachera frondosa* Chun & F. C. How
海南菜豆树 *Radermachera hainanensis* Merr.
菜豆树 *Radennachera sinica*（Hance）Hemsl.
（704）羽叶楸属 *Stereospermum* Cham.
羽叶楸 *Stereospermum colais*（Buch.-Ham. ex Dillwyn）Mabb.

136. 马鞭草科 Verbenaceae

（705）马缨丹属 *Lantana* L.
马缨丹 *Lantana camara* L.
（706）过江藤属 *Phyla* Lour.
过江藤 *Phyla nodiflora*（L.）Greene
（707）马鞭草属 *Verbena* L.
马鞭草 *Verbena officinalis* L.

137. 唇形科 Lamiaceae

（708）紫珠属 *Callicarpa* L.
紫珠 *Callicarpa bodinieri* H. Lév.
华紫珠 *Callicarpa cathayana* Hung T. Chang
红腺紫珠 *Callicarpa erythrosticta* Merr. & Chun
白毛长叶紫珠 *Callicarpa longifolia* var. *floccosa* Schauer

尖尾枫 *Callicarpa dolichophylla* Merr.
南川紫珠 *Callicarpa bodinieri* var. *rosthornii*（Diels）Rehder
（709）莸属 *Caryopteris* Bunge
兰香草 *Caryopteris incana*（Thunb.）Miq.
（710）大青属 *Clerodendrum* L.
臭茉莉 *Clerodendrum chinense* var. *simplex*（Moldenke）S. L. Chen
海南赪桐 *Clerodendrum hainanense* Hand.-Mazz.
赪桐 *Clerodendrum japonicum*（Thunb.）Sweet
尖齿臭茉莉 *Clerodendrum lindleyi* Decne. ex Planch.
长叶大青 *Clerodendrum longilimbum* C. Pei
海通 *Clerodendrum mandarinorum* Diels
垂茉莉 *Clerodendrum wallichii* Merr.
（711）三对节属 *Rotheca* Raf.
三对节 *Rotheca serrata*（L.）Steane & Mabb.
（712）石梓属 *Gmelina* L.
亚洲石梓 *Gmelina asiatica* L.
（713）豆腐柴属 *Premna* L.
滇桂豆腐柴 *Premna confinis* C. Pei & S. L. Chen ex C. Y. Wu
黄毛豆腐柴 *Premna fulva* Craib
狐臭柴 *Premna puberula* Pamp.
塘虱角 *Premna sunyiensis* C. Pei
（714）牡荆属 *Vitex* L.
灰毛牡荆 *Vitex canescens* Kurz
广西牡荆 *Vitex kwangsiensis* C. Pei
黄荆 *Vitex negundo* L.
山牡荆 *Vitex quinata*（Lour.）Will.
蔓荆 *Vitex trifolia* L.
（715）筋骨草属 *Ajuga* L.
金疮小草 *Ajuga decumbens* Thunb.
紫背金盘 *Ajuga nipponensis* Makino
（716）广防风属 *Anisomeles* R. Br.
广防风 *Anisomeles indica*（L.）Kuntze
（717）风轮菜属 *Clinopodium* L.
风轮菜 *Clinopodium chinense*（Benth.）Kuntze
（718）鞘蕊花属 *Coleus* Lour.

肉叶鞘蕊花 *Coleus carnosifolius*（Hemsl.）Dunn
光萼鞘蕊花 *Coleus bracteatus* Dunn
（719）刺蕊草属 *Pogostemon* Desf.
齿叶水蜡烛 *Pogostemon sampsonii*（Hance）Press
刺蕊草 *Pogostemon glaber* Benth.
（720）锥花属 *Gomphostemma* Wall. ex Benth.
细齿锥花 *Gomphostemma leptodon* Dunn
（721）香茶菜属 *Isodon*（Benth.）Kudo
龙胜香茶菜 *Isodon lungshengensis*（C. Y. Wu & H. W. Li）H. Hara
牛尾草 *Isodon ternifolius*（D. Don）Kudô
（722）益母草属 *Leonurus* L.
益母草 *Leonurus japonicus* Houtt.
（723）绣球防风属 *Leucas* R. Br.
蜂巢草 *Leucas aspera*（Willd.）Link
（724）石荠苎属 *Mosla*（Benth.）Buch. -Ham. ex Maxim.
石荠苎 *Mosla scabra*（Thunb.）C. Y. Wu & H. W. Li
（725）假糙苏属 *Paraphlomis* Prain
小叶假糙苏 *Paraphlomis coronata*（Vaniot）Y. P. Chen & C. L. Xiang
假糙苏 *Paraphlomis javanica*（Blume）Prain
刺萼假糙苏 *Paraphlomis seticalyx* C. Y. Wu ex H. W. Li
曲茎假糙苏 *Paraphlomis foliata*（Dunn）C. Y. Wu & H. W. Li
（726）紫苏属 *Perilla* L.
紫苏 *Perilla frutescens*（L.）Britton
野生紫苏 *Perilla frutescens* var. *purpurascens*（Hayata）H. W. Li
（727）黄芩属 *Scutellaria* L.
半枝莲 *Scutellaria barbata* D. Don

138. 通泉草科 Mazaceae

（728）通泉草属 *Mazus* Lour.
匍茎通泉草 *Mazus miquelii* Makino
通泉草 *Mazus pumilus*（Burm. f.）Steenis

139. 列当科 Orobanchaceae

（729）来江藤属 *Brandisia* Hook. f. & Thomson
茎花来江藤 *Brandisia cauliflora* P. C. Tsoong & L. T. Lu

140. 粗丝木科 Stemonuraceae

（730）粗丝木属 *Gomphandra* Wall. ex Lindl.
粗丝木 *Gomphandra tetrandra*（Wall.）Sleumer

141. 心翼果科 Cardiopteridaceae

（731）心翼果属 *Cardiopteris* Wall. ex Royle
心翼果 *Cardiopteris quinqueloba*（Hassk.）Hassk.

142. 冬青科 Aquifoliaceae

（732）冬青属 *Ilex* L.
刺叶冬青 *Ilex bioritsensis* Hayata
苗山冬青 *Ilex chingiana* Hu & Tang
五棱苦丁茶 *Ilex pentagona* S. K. Chen, Y. X. Feng & C. F. Liang
谷木叶冬青 *Ilex memecylifolia* Champ. ex Benth.
三花冬青 *Ilex triflora* Blume

143. 桔梗科 Campanulaceae

（733）党参属 *Codonopsis* Wall.
金钱豹 *Codonopsis javanica*（Blume）Hook. f.
小花金钱豹 *Codonopsis javanica* subsp. *japonica*（Makino）Lammers
（734）轮钟草属 *Cyclocodon* Griff. ex Hook. f. & Thompson
轮钟草 *Cyclocodon lancifolius*（Roxb.）Kurz

144. 菊科 Compositae

（735）下田菊属 *Adenostemma* J. R. Forst. & G. Forst.
下田菊 *Adenostemma lavenia*（L.）Kuntze
（736）藿香蓟属 *Ageratum* L.
藿香蓟 *Ageratum conyzoides* L.
熊耳草 *Ageratum houstonianum* Mill.
（737）山黄菊属 *Anisopappus* Hook. & Arn.
山黄菊 *Anisopappus chinensis*（L.）Hook. & Arn.
（738）蒿属 *Artemisia* L.
黄花蒿 *Artemisia annua* L.

五月艾 *Artemisia indica* Willd.
狭叶牡蒿 *Artemisia angustissima* Nakai
白苞蒿 *Artemisia lactiflora* Wall. ex DC.
（739）鬼针草属 *Bidens* L.
婆婆针 *Bidens bipinnata* L.
鬼针草 *Bidens pilosa* L.
（740）百能葳属 *Blainvillea* Cass.
百能葳 *Blainvillea acmella*（L.）Philipson
（741）艾纳香属 *Blumea* DC.
馥芳艾纳香 *Blumea aromatica* DC.
千头艾纳香 *Blumea lanceolaria*（Roxb.）Druce
东风草 *Blumea megacephala*（Randeria）C. C. Chang & Y. Q. Tseng
假东风草 *Blumea riparia* DC.
（742）天名精属 *Carpesium* L.
天名精 *Carpesium abrotanoides* L.
（743）飞机草属 *Chromolaena* DC.
飞机草 *Chromolaena odorata*（L.）R. M. King & H. Rob.
（744）泽兰属 *Eupatorium* L.
多须公 *Eupatorium chinense* L.
白头婆 *Eupatorium japonicum* Thunb.
（745）蓟属 *Cirsium* Mill.
覆瓦蓟 *Cirsium leducii*（Franch.）H. Lév.
（746）飞蓬属 *Erigeron* L.
小蓬草 *Erigeron canadensis* L.
（747）野茼蒿属 *Crassocephalum* Moench
野茼蒿 *Crassocephalum crepidioides*（Benth.）S. Moore
（748）鳢肠属 *Eclipta* L.
鳢肠 *Eclipta prostrata*（L.）L.
（749）地胆草属 *Elephantopus* L.
地胆草 *Elephantopus scaber* L.
（750）一点红属 *Emilia*（Cass.）Cass.
一点红 *Emilia sonchifolia*（L.）DC.
（751）非洲菊属 *Gerbera* L.
兔耳一支箭 *Gerbera piloselloides*（L.）Cass.

（752）鼠曲草属 *Pseudognaphalium* Kirp.

鼠曲草 *Pseudognaphalium affine*（D. Don）Anderb.

（753）菊三七属 *Gynura* Cass.

红凤菜 *Gynura bicolor*（Roxb. ex Willd.）DC.

白子菜 *Gynura divaricata*（L.）DC.

平卧菊三七 *Gynura procumbens*（Lour.）Merr.

（754）泥胡菜属 *Hemisteptia*（Bunge）Fisch. & C. A. Mey.

泥胡菜 *Hemisteptia lyrata*（Bunge）Fisch. & C. A. Mey.

（755）异裂菊属 *Heteroplexis* Chang

绢叶异裂菊 *Heteroplexis sericophylla* Y. L. Chen

异裂菊 *Heteroplexis vernonioides* C. C. Chang

凹脉异裂菊 *Heteroplexis impressinervia* J. Y. Liang

（756）羊耳菊属 *Duhaldea* DC.

羊耳菊 *Duhaldea cappa*（Buch.-Ham. ex DC.）Anderb.

（757）紫菀属 *Aster* L.

马兰 *Aster indicus* L.

秋分草 *Aster verticillatus*（Reinw.）Brouillet

（758）六棱菊属 *Laggera* Sch. Bip. ex Benth. & Hook. f.

六棱菊 *Laggera alata*（D. Don）Sch.-Bip. ex Oliv.

（759）小舌菊属 *Microglossa* DC.

小舌菊 *Microglossa pyrifolia*（Lam.）Kuntze

（760）银胶菊属 *Parthenium* L.

银胶菊 *Parthenium hysterophorus* L.

（761）苇谷草属 *Pentanema* Cass.

苇谷草 *Pentanema indicum*（L.）Y. Ling

（762）风毛菊属 *Saussurea* DC.

风毛菊 *Saussurea japonica*（Thunb.）DC.

（763）千里光属 *Senecio* L.

千里光 *Senecio scandens* Buch.-Ham. ex D. Don

（764）豨莶属 *Sigesbeckia* L.

豨莶 *Sigesbeckia orientalis* L.

（765）蒲儿根属 *Sinosenecio* B. Nord.

蒲儿根 *Sinosenecio oldhamianus*（Maxim.）B. Nord.

（766）苦苣菜属 *Sonchus* L.

苣荬菜 *Sonchus wightianus* DC.

（767）金腰箭属 *Synedrella* Gaertn.
金腰箭 *Synedrella nodiflora*（L.）Gaertn.
（768）铁鸠菊属 *Vernonia* Schreb.
广西斑鸠菊 *Vernonia chingiana* Hand.-Mazz.
毒根斑鸠菊 *Vernonia cumingiana* Benth.
（769）斑鸠菊属 *Strobocalyx*（Blume ex DC.）Spach
林生斑鸠菊 *Strobocalyx sylvatica*（Dunn）H. Rob., S. C. Keeley, Skvarla & R. Chan
（770）夜香牛属 *Cyanthillium* Blume
夜香牛 *Cyanthillium cinereum*（L.）H. Rob.
咸虾花 *Cyanthillium patulum*（Aiton）H. Rob.
（771）蟛蜞菊属 *Sphagneticola* O. Hoffm.
南美蟛蜞菊 *Sphagneticola trilobata*（L.）Pruski
（772）山蟛蜞菊属 *Indocypraea* Orchard
山蟛蜞菊 *Indocypraea montana*（Blume）Orchard
（773）苍耳属 *Xanthium* L.
苍耳 *Xanthium strumarium* L.
（774）黄鹌菜属 *Youngia* Cass.
黄鹌菜 *Youngia japonica*（L.）DC.

145. 荚蒾科 Viburnaceae

（775）接骨木属 *Sambucus* L.
接骨草 *Sambucus javanica* Reinw. ex Blume
（776）荚蒾属 *Viburnum* L.
水红木 *Viburnum cylindricum* Buch.-Ham. ex D. Don
南方荚蒾 *Viburnum fordiae* Hance
锥序荚蒾 *Viburnum pyramidatum* Rehder
三脉叶荚蒾 *Viburnum triplinerve* Hand.-Mazz.

146. 忍冬科 Caprifoliaceae

（777）忍冬属 *Lonicera* L.
华南忍冬 *Lonicera confusa*（Sweet）DC.
菰腺忍冬 *Lonicera hypoglauca* Miq.
灰毡毛忍冬 *Lonicera guillonii* var. *macranthoides*（Hand.-Mazz.）Z. H. Chen & X. F. Jin
大花忍冬 *Lonicera macrantha*（D. Don）Spreng.

147. 海桐科 Pittosporaceae

（778）海桐属 *Pittosporum* Banks ex Gaertn.
广西海桐 *Pittosporum kwangsiense* Hung T. Chang & S. Z. Yan
秀丽海桐 *Pittosporum pulchrum* Gagnep.
四子海桐 *Pittosporum tonkinense* Gagnep.

148. 五加科 Araliaceae

（779）楤木属 *Aralia* L.
野楤头 *Aralia armata*（Wall.）Seem.
台湾毛楤木 *Aralia decaisneana* Hance
（780）罗伞属 *Brassaiopsis* Decne. & Planch.
假通草 *Brassaiopsis ciliata* Dunn
榕叶掌叶树 *Brassaiopsis ficifolia* Dunn
罗伞 *Brassaiopsis glomerulata*（Blume）Regel
三叶罗伞 *Brassaiopsis tripteris*（H. Lév.）Rehder
星毛掌叶树 *Brassaiopsis stellata* K. M. Feng
（781）五加属 *Eleutherococcus* Maxim.
白簕 *Eleutherococcus trifoliatus*（L.）S. Y. Hu
（782）幌伞枫属 *Heteropanax* Seem.
幌伞枫 *Heteropanax fragrans*（Roxb.）Seem.
（783）鹅掌柴属 *Heptapleurum* Gaertn.
鹅掌藤 *Heptapleurum arboricola* Hayata
短序鹅掌柴 *Heptapleurum bodinieri* H. Lév.
鹅掌柴 *Heptapleurum heptaphyllum*（L.）Y. F. Deng
白花鹅掌柴 *Heptapleurum leucanthum*（R. Vig.）Y. F. Deng
球序鹅掌柴 *Heptapleurum pauciflorum*（R. Vig.）Y. F. Deng
樟叶鹅掌柴 *Heptapleurum pes-avis*（R. Vig.）Y. F. Deng
谅山鹅掌柴 *Heptapleurum locianum*（Grushv. & Skvortsova）Y. F. Deng
（784）刺通草属 *Trevesia* Vis.
刺通草 *Trevesia palmata*（Roxb.）Vis.
（785）天胡荽属 *Hydrocotyle* L.
红马蹄草 *Hydrocotyle nepalensis* Hook.
破铜钱 *Hydrocotyle sibthorpioides* var. *batrachium*（Hance）Hand.-Mazz. ex R. H. Shan

肾叶天胡荽 *Hydrocotyle wilfordii* Maxim.

149. 伞形科 Umbelliferae

（786）积雪草属 *Centella* L.
积雪草 *Centella asiatica*（L.）Urb.
（787）刺芹属 *Eryngium* L.
刺芹 *Eryngium foetidum* L.
（788）石防风属 *Kitagawia* Pimenov
石防风 *Kitagawia terebinthacea*（Fisch. ex Trevir.）Pimenov
（789）窃衣属 *Torilis* Adans.
窃衣 *Torilis scabra*（Thunb.）DC.

20. 桂林植物园，http://www.gxib.cn

桂林植物园始建于 1958 年，是中国科学院早期建立的十大植物园之一，桂林植物园由于其独特的地理位置和广西丰富的石灰岩植物资源，在全国生物多样性保护布局及中国科学院的学科布局中占有不可或缺的地位，是唯一以石灰岩植物资源迁地保护为目标的综合性植物园。现已建成了裸子植物区、棕榈苏铁区、珍稀濒危植物园、杜鹃园、金花茶园、竹园、桂花园、广西特有植物园、喀斯特岩溶植物专类园、中亚热带典型常绿阔叶林生态系统示范园、苦苣苔展示区、秋海棠展示区等专类园区。现已引种保存植物 5100 多种，其中包括迁地保护的国家珍稀濒危植物 400 多种，被誉为“国家战略性植物资源贮备的活体基因库”和“壮乡植物王国”。

附录Ⅱ　喀斯特地貌及其植物奇特的生存现象

弄岗喀斯特峰丛洼地地貌景观（胡刚 摄）

弄岗喀斯特“石上”森林（张忠华 摄）

千年蚬木王（胡刚 摄）

植物板根现象（胡刚 摄）

植物绞杀现象（刘晟源 摄）

植物附生现象（刘晟源 摄）

植物“茎花、茎果”现象（胡刚 摄）